私の事業家人生

夢に向かって独立し、走り続けた半世紀

染谷正光

私の事業家人生——夢に向かって独立し、走り続けた半世紀

金型とは

金型——誰でも一度は、どこかで聞いたことがある言葉かもしれない。しかし、ほとんどの人にとっては、見たこともなければ、使ったこともない、馴染みのないものだと思う。

金型とは、世の中に存在するあらゆる製品を作り出すために必要な型のことである。例えば、デジタルカメラや自動車のボディはどうやって作り出されているかと言えば、金型によって作られている。これらにはアルミニウムや鉄などの素材が用いられるが、すべて金型を使ってその形状にしているのである。

素材であるアルミニウムや鉄は、最初は板状をしているが、これを組み立て用の部品にするためには変形させる必要がある。そのために、凹凸ひと組の金型を複数使用して、ドスン、ドスンと数百トン以上の力を数回加えて板状の素材を変形させていくのだ。

ドスン一回では期待する形状にはなかなかならない。最初のドスンで大枠を形作り、二回目のドスンで穴をあけ、三回目のドスンで曲面をつけ……というように、多ければ一〇回以上の工程（ドスン）を経てようやく部品が出来上がる。

金型製造会社は、基本的にこの凹凸ひと組の金型を数組から数十組製造して、部品を完成させる工場に納入する。部品を完成させる工場では、この金型を使って、製品の一部となる数多くの部品を生み出して、製品完成工場に出荷する。

このようなことから、金型は、縁の下の力持ち、あるいはすべての形ある財の生みの親と言うことが出来る。

※　染谷精機株式会社では、金属製品の金型を製作している。

なお、原料を溶かして金型に流し込み、それを固めることで求める形状にするプラスチック製品用の金型とは、その製造方法や工程などが根本的に違っている。

目次

第Ⅰ部 人生の決断と成功への挑戦

第Ⅱ部　変化の時代へのメッセージ

はじめに

思い起こせば中学校を卒業した一五歳の春に大きな夢を胸に抱いて茨城県から上京し、二五歳で独立、そして六七歳の今に至るまで、金型一筋で生きてきた。他に取り柄と言っても特にない。

しかし、ひとつのことをコツコツとやり続けたからこそ出来たことがたくさんある。また、経験を積んだからこそ見えてきた世界がある。

一五歳の少年が上京し、激動する社会の中で四〇年以上も会社を経営する間には、もちろん、山あり谷ありの人生があった。多くの人との出会い、取引先や従業員との出会い、また、それぞれにいい時も悪い時もあった。

しかし、ここまで会社を経営してこられた最大の要因は、努力と忍耐である。

今の若い人たちは、早くお金持ちになりたい、早く一人前になりたいという気持ちが先走り、努力や忍耐を忘れているような気がする。事を成すうえでは、なにごとにも順序というものがある。しかし、多くの人が、このことを忘れている。

本書は、右も左もわからない少年が、社会の中で鍛えられ、一人前の仕事人として成長していく姿、そして独立してからは会社の経営者として時代の流れに翻弄されながらも取引先、従業員とともにたくましく生きる姿を通して、今の若い人たちに伝えたいことを記したものである。

中卒の金型職人が、時代の後押しもあったであろうが、中学を卒業して茨城の田舎から出てきて都会で成功するという夢を叶えた、いや信念を持って努力すれば自分の夢は叶えられるということを、この本を読む多くの方に知ってもらいたいという気持ちからこの本を書いた。

これからますます、日本にとっても日本人にとっても厳しい時代が続くように思う。しかし、他人任せでは、明るい将来へと続く道は拓くことは出来ない。また、長い冬が過ぎて春が訪れ、暑い夏を越して収穫の秋を迎えるように、人生にも運の善し悪しによって節目が次々と訪れる。

初心を忘れず、夢と希望に向かって自分の環境を整えていけば、必ず道は拓け、夢は叶えられると信じている。

本書が、読者の皆さまの夢を叶えるために少しでもお役に立てば、私としてはこの上ない幸せである。

二〇一二年盛夏　　染谷　正光

第Ⅰ部

人生の決断と成功への挑戦

第1章　金型職人の独り言

この二〇年間で、多くの同業者が廃業した。

バブル経済が終焉し、「失われた十年」と言われて久しい。そして今、「失われた二十年」と言われている。

グローバル経済と言われてからも、もう数十年が経った。

ここ数年は特に、デフレ経済と円高が日本経済を襲い、輸出企業だけでなく、多くの企業が安い労働力を求め、海外、特に中国に工場を移していった。

我が社は、そのような経済状況下でも、お陰さまで順調に業績を伸ばし、今でも日本国内だけで製品を製造している。

しかし、多くの同業者は、姿を消してしまった。その理由を考えてみると、やはり時代の流れに乗り遅れて、時代が求める設備投資や技術改良をしてこなかったからではないかという結論に行きつく。

同時に、同業者の多くが、職人気質を捨て切れなかったことも原因かと思う。自分の腕を信じていた人ほど、「俺は他人に負けない技術を持っている」と言って設備投資をしてこなかった。家内制手工業的要素が強い金型業界では、致し方ない考え方かもしれないが、とても残念なことだ。

私はこれまで、金型業界だけを見て同業他社と同じような仕事の仕方をしていてはダメだと考えて生きてきた。

一人でやっていようが、ある程度の規模の会社を経営していようが、今この時は常に最善のことをやりながら、次のこと、次の時代はどうなるかを考えながら経営していかなければ、明日はないと思って生きてきた。

しかし、私の周囲の人たちは、お金がないから、会社の規模が小さいから、設備投資はしなくていいと言っているのをよく耳にした。

今日と同じことが明日も起こる。言われたことをしていれば、誰にも文句は言われない。そんな人が多かった。これでは、厳しい競争社会において、明日どうなるかは自明の理だ。

また、私は必要以上に仕事上の付き合いもしなかった。少しお金が出来たから、余裕が出来たからと言ってはゴルフをしたり遊興にふけるようなことはなかった。それは、やはり一番いい時こそ、次に来る悪い時期のための準備期間だという認識が心のどこかにあったからだと思う。

もちろん、人としての最低限の付き合いはしてきたつもりだ。しかし、それもあくまでも自分の予定を優先して、付き合ってきた。変わり者と言われようが、他人のペースに巻き込まれて付き合っていたら、相手はいいかもしれないが、仕事でも人生でも自分にとっては決していい結果を招くことはない。

自分が主導権を握りながら、周囲とはほどほどの関係を築くことが、成功するためには必要なのだ。

仕事が増えるに従って、多くの人と付き合うようになったが、心の中では、いつも金型業界で生き残り、少しでも会社を大きくして社会に貢献したいという信念だけは持ち続けていた。だから、こうした厳しい経済環境の下でも会社が生き残れているのだと思う。

なぜ、業界で生き残っていきたい、会社を大きくして社会に貢献したいと思ったのか。それは、金型業界のような、いわゆる３Ｋの職種には若い人たちが就職してくれないだろうという危機感と、若い人たちが入ってこられるような環境づくりをしたいという気持ちがあったからだ。

私は、昔から、旧態依然の金型業界では若い人たちが就職したいかどうかを議論する以前の問題として、このままではこの業界にはいい人材は入ってこない、無理だなと感じていた。

だからこそ、私は時代に即した経営と仕事の仕方をいつの時も考えてきた。

創業の土地、東京都足立区にある自宅兼工場は見るからに町工場という外観をしていたが、平成元年に埼玉県八潮市に工場を新築したのを契機に、金型業界もより近代化しなければいけないし、そうしなければこれからは生きていけない、若い人たちも入ってきてくれないだろうと、より強く考えるようになったので、八潮の工場はオフィスビルのような外観にしたのだ。

金型屋として生きる道を選んだその日から、どうしたら他社に負けず、競争の激しい業界で生き残れるか、それこそ毎日絶えず考えてきた。だからこそ、他社がしなくても、自社だけでも経済環境の変化に対応出来るような会社にするための数々の方策を試みてきたのである。

この考え方は、別に金型業界だけに限らず、どの業界にも当てはまる考え方ではないだろうか？　時代はなにを求めているのか？　取引先は？　自分の置かれた状況はどのような環境か？　それらをきちんと冷静に客観的に考えて、次の一手を打っていく、こうした姿勢が経営者には大切だと考える。

我が社においてのそのひとつの例が、ＮＣ（数値制御）化だ。

平成の時代に入ると、金型業界でも、ＮＣ化が進んできていた。平成の初めの頃は、同業他社もＮＣ工作機械はまだあまり導入していなかったが、取引先のメーカーではすでに金型製作を含む製品の一貫生産をしていたのだ。

その会社に納品に出向いて、そこの社長と話をするたびに、自分の工場との違いを知らされることも含め、大変刺激をもらった。「ちくしょう、俺だってこれくらいのことはやってやる」。自分の工場に戻る道すがら、車のハンドルを握りながらよくそう思ったものだ。

もちろん、技術がなければどんなにいい機械を導入しようが、いい製品は作れないのは、当然だ。しかし、時代を無視しては生きていけないこともまた事実。井の中の蛙にならず、常に他業界の動向を注視していたことが、同業他社との違いを生んだのだと、今思い返してもそう思う。

時代は絶えず流れていて、同じように進んでいるように見えても、実は目に見えない変化がじわりじわりと進行している。だから、いかなる時も時代を読む目を養う必要があるのだ。

時代を読む目を養うために大切なのは、自分ならどうするかを考える習慣をつけることだ。

前にも述べたが、平成に入ってからも金型業界の多くは町工場と言われる零細企業で、自分の腕ひとつで何でもできると信じている職人気質の強い経営者が多かった。しかし、その頃、私が考えていたのは、いくら腕が良くても、時代の流れを見れば金型についても機械製造をしなくてはいけない時代になってきているし、機械と人間の経験が融合して製品を生み出していかなければ生き残れない難しい時代になっているということだった。

また、独立してからの夢として持っていた会社を大きくしたいという夢も、若い人材が入ってこなければ会社が発展することもできないし、ひいては業界の発展もないのだ。さらに、昭和四〇年代とは違い、若者気質も変化してきていて、昔ながらの仕事のやり方のままだと3Kと思われている金型業界には絶対に若い人材は入ってこないだろうし、こんな商売はしたくないだろうと肌身で感じるようになっていた。

これではいけない。若い人が、興味を持って入ってきたくなる会社にしなければと考えたことに対するひとつの答えが、オフィスビルのような工場、工場らしくない工場を作るということだった。

平成になってから一〇年が過ぎ、二一世紀に入る頃になると、経験と技術があり、さらには工場の設備をNC化していかなければ、取引先のニーズに対応できなくなるようなことが多くなってきた。

その原因は、バブル経済崩壊後、日本経済を襲った経済のグローバル化、円高、そしてデフレ経済にあった。

円高によって、企業は賃金の安い外国に工場とともに逃げていく。そこに追い打ちをかけるように、物価が上がらないデフレが起こったのだ。

金型業界も例外ではなく、否応なしに経済のグローバル化に対応しなくてはならない時代に入っていた。それまでも時代の変化を読みとった経営をしていこうと絶えず周囲を気にしてはいたが、それをより実感したのは、取引先メーカーのスローガンを見た時だった。

「アジアで勝て」

一枚の横断幕が工場に掛かっていた。

NC工作機械があれば、経験がなくても簡単な金型ならすぐに出来る。そして人件費の安いアジア諸国で金型を作るという時代に入ったのだから、いくら技術があると言っても生き残っていくのは難しいのではないかと、毎日考えるようになっていった。

今まで以上に、他社や周囲の人から刺激をもらい、自分たちも変わらなければ生き残ることは難しいという強い思いが同時に生まれてもいた。

そして、平成二〇年代に入ると、恐れてはいたことだが、仕事がどんどん海外に流出していってしまっている現状に改めて気づかされた。それまでも何度も仕事で中国に出張していたが、いよいよ日本から仕事がなくなってしまうという感覚が頭をよぎった。その感覚は、危機感という感じではなく、危機感以上のなにか得体の知れない恐怖に似たものだった。

四〇年近く金型業界で仕事をしてきたが、この仕事の減り方は今までにない感じだった。取引先のメーカーは、「仕事はあるよ」と言ってくれるのだが、目の前にある仕事はどんどん減っていた。つまり、「ある」という仕事の大半は、海外に流れていたのだ。

特に、金属製品（鉄板、鋼板）関係の金型の仕事は、安いからという理由だけで、中国をはじめ海外にものすごいスピードで出ていってしまっていた。

アルミニウム、鉄板、真鍮の製品、特に鉄板で簡単に出来るような高度な技術力を必要としない単純加工の金型製作の仕事が、海外に多く出ていってしまっていたのだ。

東京で一旗揚げたい、会社を大きくしたい、そんな思いで四〇年近く一生懸命仕事をしてきたが、こんな状況がこれからも続くようなら、もう限界だ、会社を閉じてしまったほうがいいとの思いが頭をよぎることも一度や二度ではなかった。

なぜ突然そう思ったか、今でもはっきりとは分からないが、言葉に出来ないような危機感、焦燥感に襲われていたことだけは確かだった。

第2章　会社はどこへ行く

「おはようございます。

今日は皆さんに重要なお話があります。

私は、来月の五月末日をもって会社の閉鎖手続きに入ろうと思います。つまり、会社をたたむことにしました。

皆さんには、これまで本当に頑張って、会社の発展に貢献してもらったことに心から感謝しています。

幸いなことに当社は、今でも抱えるほど多くの仕事の受注残があるのが現状です。

しかし、日本のモノづくりの将来を考えますと、間違いなく縮小していく方向に向かっていることは確実です。

当社としても、このまま事業を続けていても将来的に業績が低迷していくことになることは目に見えています。手遅れになってからでは遅いのです。比較的余裕がある今が、この事業から撤退する絶好のタイミングだと考えています。

もちろん、十分とは言えませんが、会社閉鎖にあたっての退職金は出来る限りの範囲でお支払いします」

平成二二年四月中旬のある日の朝礼で、私は、染谷精機株式会社の代表取締役社長として、社員たちの目の前で会社清算の話を切り出した。

この二〇年で多くの同業者が姿を消していくなかで、我が社は比較的安定した経営状況を保ってきた。

創業した頃は、高度経済成長期の真っただ中ということもあり、経済の拡大に合わせて会社の業績も拡大していった。平成に入ったばかりの頃に起きたバブル経済の崩壊もなんとか乗り越えた。平成一〇年代のＩＴバブルの頃は、会社の経営もずいぶんと安定して設備投資も積極的に展開、業容を拡大した。

しかし、平成二〇年の年が明けるとともに会社を取り巻く経済環境は徐々に変化し始めた。単純な加工の仕事からどんどん海外に仕事が出ていくようになり、受注も減り始めた。そして、その年の秋に起こったリーマン・ショックですべては急変した。

昭和四五年七月に創業して以来、努力を重ね四〇年近く会社を経営してきたが、こんな急激な経済環境の変化は、今まで経験したことがない。これから起こるだろう様々なことは、これまでの経験では対処しきれない。そう考える日々が続いた。

そして二年が経ち、ある時突然、次の言葉が頭に浮かんだ。

「引き際か……」

いい加減な気持ちではなく、これまでの四〇数年間の経営者としての勘がそう思わせたのだ。

経済はグローバル化していく一方だ。モノづくりの心臓というべき金型までも海外にどんどん出ていく時代となった。この流れは誰にも止められないだろう。だとすれば、将来的に赤字を出し続けることになる。今のうちならなんとかなる。会社がボロボロになる前に手を打つのも経営者としての責任だ。

従業員のすべては、この日の朝、社長は突然おかしくなったかと思ったにちがいない。しかし、経営者は本来孤独なのだ。重要な決断はすべて自分一人で下していかなければならない。誰かに相談ができるわけでもない。相談すれば他人の意見に左右され、心が動かされ、自分が思っているような施策はできない。

最終的には、会社を閉鎖することはせずに、事業は継続されて現在に至るのだが、私の金型職人としての人生は、事実上この日をもって終わった。また、同時に会社の経営者としての私も、その役割を終えることになった。

第3章　東京へ

これから皆さんに、私のこれまでの人生の歩みについて、少しお話しさせていただきたいと思う。仕事を中心とした話だが、起業したい人、自分の天職を求めている人、夢を叶えたい人には、参考になる話だと思う。

「若い時の苦労は買ってでもしろ」と言われるが、他人の体験談から得られる知恵というのもある。皆さんのこれからの人生に、私の生きてきた道程がお役に立てれば嬉しく思う。

私、染谷正光は、昭和二〇年一月五日、茨城県坂東市の大正時代から続く農家の四人兄弟の次男として生まれた。

子どもの頃は、いわゆるガキ大将で、いたずら大好き、よくケンカもした。

勉強は、はっきり言ってあまり好きなほうではなく、学校が終わって家に帰ってくるなり、鞄を家の中に放り投げてすぐに遊びに出ていくような子どもだった。

元気だけが取り柄で、いたずらばかりしていたので、よく近所の人から、「おまえのかあちゃんはいい人なのに、おまえはいたずらばかりして」と言われていた。

私の母は、社交的で、近所の集まりによく出たりして、家族だけでなく近所の人たちにもとてもやさしい人であった。そして、兄弟たちもそんなに悪さはしなかったものだから、今思うと私の他愛もないいたずらが相当に目立っていたのだと思う。

そして、子どもながらも、中学を卒業したら、家を出ていくのが当然だと思っていた。

昭和三〇年代、地方の家庭、特に農家では家を継ぐ長男以外の男子は、中学校を卒業したら東京などの都会に出て働くというのが一般的なことであった。

高校へ進学しようかとも思い勉強もしてはみたが、突然腕時計が欲しくなり、腕時

中学生の頃の著者

計を買ってほしいと親に頼んだ時、「そんな高価なものは買えない」と言われたので、それを契機に東京に出ようと決心した。

今思い返してみると、家にはお金はあったと思うが、腕時計を買ってくれなかったのは、まだそのような高価な物を持つような年ではないし、欲しいからと言ってなんでも買い与えてはいけないという親の厳しさから出た言葉だと感じる。

腕時計を買ってくれないなら、東京に出るというのは、おかしな論理だと思われるであろうが、自分としては、「腕時計を買ってくれないというなら、東京に出て自分で買ってやる！」という勢いみたいなものだった。しかし、その前から心はすでに東京に出て働こうと決めていたことも確かだった。東京に行くための自分なりのきっかけを求めていたのだと思う。四月以降の進路はなにも決めないまま、家出同然のようなかたちとなってしまったが、中学校を卒業してすぐの昭和三五年三月二〇日に家を出た。

家を出て向かったのは、墨田区向島にある親戚の家。

叔母は、「どうして家を出てきたの？　これからどうするの？」とは聞くが、特に怒られることもなく、親戚の家の近くにあった、夫婦二人が営む小さな町工場を紹介してくれるなど、働くために力を貸してくれた。

家を出てから三日目の三月二二日には、そのご夫妻が経営している町工場で働き出していた。そこは、製紙原料のチップを作っていた工場だった。

働き出してから二週間が経った頃、これからの時代は、学歴がないと話にならないと感じるようになった。そして、自分の生活が少し落ち着いてきて、周りを見る余裕が出てきた頃でもあった。

中学を卒業したら働くものだと思い東京に出てきたのだが、東京に来てみたら、周りはスーツを身にまとった立派な人が多く、そんな人たちに憧れに似た感情が芽生えた。また、そんな人になるためにも中卒ではダメだと考えるようになっていた。

それまでは、畑仕事をして真っ黒になりながら、モンペをはいたり着物を着たりした人しか周りにいなかったのだから無理もない。都会の風景は田舎の中学を卒業したばかりの一五歳の少年には異次元の世界と映ったのは当然で、羨ましくて、というのが本音だった。

誰かから、「お前は中卒だから……」などと批判めいたことを言われたわけではなくて、素直な感情としてそう感じたのだ。

そこで、経営者のご夫妻と相談して、墨田区内の定時制高校に通い始めることになった。昼は仕事、夜は勉強。新しい人生の幕開け。東京での生活は相変わらず、右も左も分からない状態で、これから待ち受ける試練がどのようなものか想像もつかない状況だったが、将来に夢を馳せる毎日だった。

東京に出てきて二、三カ月が経ち、東京での生活や仕事にも慣れ始めた頃、漠然と手に職をつけなければダメだと感じるようになった。

チップ工場での仕事は、トラックで運んできた木材を工場の機械で細かく切り刻んでチップにして袋に入れるだけの単純作業が中心だった。いや、それがすべてだった。なにか技術を習得したくても、習得する技術がなかったのだ。

一五歳の少年とは言っても、仕事に慣れてくれれば、チップを切り刻むだけの単純労働はつまらなく、いつの頃からか、いつ辞めようかとそのことばかりを考えるようになっていた。

しかし、今の自分はなんの技術も持っていない。技術を持たなければ一人前の仕事人にもなれないし、東京に出てきた時の夢、独立して都会で一旗揚げることも出来ないと悩む毎日でもあった。

また、狭い家でそのご夫妻に気を使いながらの生活は、今考えても大変息苦しいものだった。

その頃、たまたま向島に近い東武鉄道の駅のホームで、偶然、杉並区にあるプレスと金型の製造をしているという会社の求人広告が目に留まった。その頃の自分には、その会社の詳しい業務内容を知るすべもなかったが、心の中で何かが動いたことだけは今でも覚えている。

今後、何かの役に立つかもしれないと、その会社の電話番号だけは手帳に書き留めておいた。

親からは教育を受けていない人間は、手に職をつけないとダメだ、手に職をつけていれば食べるに困らない、と言われて育ってきた。

田舎から出てきたばかりの少年を働かせてくれているご夫妻の好意は大変ありがたいが、単純作業の毎日では、東京に出てきた意味はない。そろそろ、きちんと技術を身につけられる場所へと動く時かもしれないという思いが頭をもたげはじめた時期でもあったので、この求人広告に自然と目が引き寄せられたのは必然と言うしかない。

東京に出てきて一年が経った頃、ついに次の展開を図る決心をした。

どうしてもチップ工場での単純労働に我慢ができなくなって、駅のホームに求人広告を出していた会社に電話をしたところ、すぐにでも来てくれという返事が来たので、その会社に転職することになった。

チップ工場のご夫妻には、自分の考えをきちんと話し、辞めることを理解してもらった。また、杉並での新生活がどのようなものになるか分からず、通っていた定時制高校は辞めることにした。

定時制高校へ通う学費は、チップ工場でもらっていた少ない給料の中から、やり繰りして自分で出していた。転校すればよかったのではないかという人もいたが、なにしろ環境を変えたかったので、転校してまで高校に通うなどとはその時は考える余裕さえもなかった。勉強はもういい、仕事に打ち込もうと、そう考えていた。

家出同然で東京に出てきた右も左も分からない田舎の少年を、黙って一年もの間、働かせてくれた工場のご夫妻には感謝の言葉しか見つからない。

第4章　金型職人への道

東京に出てきて一年が経った昭和三六年、製紙原料のチップを作る会社を後にして、新しい会社へ移った。実質、会社勤めという意味では、一社目の会社だ。

勤め出した会社は、弱電関係のシャーシやその他部品を作る会社だった。従業員は一二〇人ぐらいいた。今までとは違うことができるかもしれない、そんな思いが胸に込み上げてきた。会社の独身寮に入り、新しい生活が始まった。独身寮には、集団就職で上京してきた人たちが入っていた。

会社に入り数カ月が経ち独身寮での生活にも慣れたことや、寮の仲間からの刺激もあり、実際の仕事に役立つ知識や資格を取得することを目的に、職業訓練大学校の通信講座を受けることにした。

弱電関係のシャーシを作る会社での著者

会社では、従業員教育の一環として、各種の資格取得を奨励していたため、私も旋盤を指導するための指導員資格やガス溶接技術の取扱主任者、機械指導員の資格などを取得した。

会社で最初に配属された部署は、プレス加工生産部。だが、やっている仕事は単純で、若い好奇心旺盛な少年にとっては、隣でやっている金型製造部門の仕事が素晴らしく面白いものに見えて、興味があった。そして、当時の金型業界では、「金型を覚えれば一生食べていける」とも言われていた。なぜなら、金型を覚え、一人前の仕事が出来るようになるのに数年かかるから、誰にでもすぐに覚えられるような仕事ではなかったからだ。

どうしても金型部門に異動したい。今も昔も同じだが、ただ言っているだけでは、会社の誰も認めてはくれない。少なくとも、今いる部署で実績なり評価を上げなければ、昨日今日入社したのも同然の未熟な社員の話など、上司はまともに聞いてはくれない。

そこで、生来の負けん気と頑張りで、人が嫌がるような仕事を率先してやったり、夜遅くまで人の何倍もの仕事をした。そうしているうちにプレス部門での私の評価も上がり、周りや上司にも認められるようになっていった。そこでタイミングを見て直属の上司に金型部門へ異動したいという希望を話してみた。上司からは、今は異動させることは出来ないが、機会があれば考えておこうという答えをもらった。

実際に金型部門に異動するのは、それから一年近く経ってからになるが、強い思いと努力をもってすれば必ず道は拓けてくるものだと感じた。そして、この金型部門への異動が、その後の私の人生を決定づける大きな転機になったし、一生を通じて、命をかけて取り組んでいく仕事との出合いでもあったことは間違いない。

憧れの金型部門には、全従業員一二〇人中一五人だけが属していた。

そして、金型部門に異動してからは、できるだけ先輩社員に好かれるように心がけた。なぜなら、金型の世界は、職人の世界だ。厳しい徒弟制度が残っているような世界で、ひとつの金型はひとりの職人に任せて作っていた。先輩社員は、誰にどんな金型を作らせるかを決定する権限も持っていた。先輩社員に好かれなければ、仕事が始まらないのだ。

金型は一つひとつ型が違う。新入りでも仕事を覚えながら作れるような単純な金型を担当させてもらうには、先輩に少しでも可愛がってもらえるための努力を惜しむわけにはいかなかった。

先輩たちから可愛がってもらえなければ、金型づくりの指導を受けることも出来ない。仕事を覚えるためには、ごますりのひとつやふたつ出来なければ話にならなかった。

今と違って、当時は、身についた技術をそう簡単に他人に教えてくれるような時代ではなかった。だから、早く一人前の職人になるためには、なんとか先輩や師匠の持つ技術を盗むために、あれやこれやと考えなければならない時代でもあった。まして や、親方や先輩に嫌われようものなら、仕事は覚えられないし、その場所にもいられないという状況でもあった。

そのために、先輩職人たちに好かれるように努力をしたり、同世代の付き合いにも出来る限り参加したりして、人付き合いにはいろいろと気を使った。それもこれも、早く多くの技術を自分のモノにして一人前の仕事人になりたいという思いからだ。

人に好かれるというのは、ひとつの能力かもしれないが、好かれる努力もしていかなければいけない。嫌われるより好かれたほうが、仕事でも人生でも楽しいに決まっている。

最近、「人に好かれる技術」というような本のタイトルや雑誌のテーマをよく耳にする。人に好かれるためには、こうすればいいなどというマニュアル的な本だと思うが、人に好かれるということはそう簡単ではない。

人は無条件に自分を好いてはくれない。まずは、自分が相手を好く努力をしなくては、なにごとも始まらないのだ。

例えば、仕事ひとつ取ってみても、オフィスのOA化、IT化により一昔前とは違い、仕事のやり方がずいぶん変わってきている。しかし、いつの時代でも仕事は人と人が作り出すものだということを忘れてはいけない。

なんでも電子メールでやり取り出来るためか、オフィス内でも上司と部下の直接のコミュニケーションが不足しているように感じる。また、直接他部署や取引先に出向いて打ち合わせをしたりすることも減ってきているのではないだろうか。

それでは、仕事の人間関係がうまくいくわけはない。ちょっとした連絡の行き違い、思い違いが仕事に重大な影響を与える。メールで連絡したから大丈夫というのは、その送り手の勝手な思い込みなのだ。

また、仕事を覚える、仕事を身につけるためのコミュニケーション能力がいちじるしく低下しているようにも感じる。昔のやり方がいいとか悪いとかではなくて、やはり、仕事は人と人とが作り出していくものだから、会社の内外を問わず対人コミュニケーション能力を向上させることは、仕事を成功させるために大変重要なことだ。

金型の部署に異動して、先輩の技術を盗み見たり、人が休んでいる間も技術を覚えるための努力をしたりして、徐々に周りの先輩社員に認められるようになった。

当然、技術に関する記録ノートをつけたり、たくさんの失敗した製品があってのことだ。努力しないでなにごとも成功するわけはない。

また、同じ年代で、同じ部署にいる同僚の存在も大きな刺激となった。遅れて異動してきた私は、同年代の社員より技術の習得に関しては一年も二年も遅れている。

彼らに負けてたまるか、彼らを早く追い越したいという気持ちが、最終的には早く仕事を覚えて、一人前の仕事人になるための原動力となった。いいライバルを身近に持つということは、仕事においても人生においても、自分をより成長させる糧となる。

さらには、仕事が終わった後も、金型製作場の二階が独身寮だったこともあって、会社には禁止されていたが、就業後たびたび現場に降りていろいろと思索を巡らすなどしていた。工具や機械を実際に目の前にして、時には会社の決まりを破って、人目を盗んで機械を動かしたこともあった。どうしたら上手に金型が作れるようになるのか、イメージトレーニングをしたものだ。

それこそ、早く一人前になるために三六五日、一日も休まずに、仕事にすべてを打ち込む青春の日々を過ごしていた。

ある時、先輩社員が一年も前から取り組んでいるにもかかわらず製品として出来上がらない金型があることを耳にした私は、上司に頼みこんで、無理を承知でこの仕事をやらせてもらうことにした。

金型を始めて一年ちょっとの経験しか持っていない私には、これまで以上の技術・

能力を必要とする仕事だ。しかし、この仕事はきっと明日の自分の成長に役に立つはずである。

「若い時の苦労は買ってでもしろ」という言葉を胸に、貴重な経験になるはずだと自分に言い聞かせながら仕事を始めた。

そして、なによりもこの仕事をやりとげれば自分の自信になるし、周りも一人前の仕事人として認めてくれることにもなる。そう思い、寝食を忘れるほど、この難しい金型づくりに没頭した。

金型製造という仕事にマニュアルはない。そして、昔も今も変わらない、完成品がきちんと出来ないかもしれないという、作り方に関する不確実性が存在する。

すべては職人の経験と勘が金型づくりのベースとなる。カーブひとつとっても、角度ひとつとっても、設計図通りに機械が金型を作ればことが足りるというものではない。

機械製造でもできないような微妙ななにかが金型づくりには必要で、ましてや難しいモノほど、機械だけには頼れない職人のノウハウや技能がなければ作れないものなのだ。特に自動車の重要保安部品関連、アルミニウムなど加工の難しい素材ほど、その傾向が強い。

上司が無理を承知で任せてくれたこの難しい金型づくりに取り組み始めてから三カ月、これまで書きためた技術ノートや先輩たちのアドバイス、各種の参考資料をもとに一つひとつ技術的困難を乗り越えて、ついに製品化を実現することが出来た。

完成までの苦労は言葉に言い表すことができないほど大変なことが多かったが、技術者としても一人の人間としても格段に成長することが出来たことを実感した瞬間でもあった。

この時の感動は、今でも昨日のことのように思い出すことが出来る。そして、こんなに感動出来る仕事をこれからも一生の仕事としてずっと続けていこう、そう決心することにもなったのだ。

自分がやりたい仕事を見つけたり、向いている仕事に出合ったりすることはなかなか難しい。

それはいつの時代でも同じで、ただ見つけたい、なにかないかでは、自分に合う仕事など見つかるはずがない。

私も、東京に出てきた時は、仕事をして一旗揚げて、両親にいい思いをさせたいという思いだけは強かった。

　では、どんな仕事をしたらその夢が叶うのか、どんな仕事が自分には合っているのかなど、東京に出てきたばかりの頃は、考えたこともなかった。

　ただ、紹介された仕事、出合った仕事のすべてが自分と縁のある仕事だと思って、一生懸命に仕事をしてきた。ただそれだけだ。

　縁があり、金型を作る仕事が自分の一生の仕事になったが、それもチップの仕事、プレスの仕事があったからこそ、金型の仕事に巡り合えたのだと思っている。

　また、やりたい仕事が決まった後は、早く一人前の仕事人になるために必要な技術を身につけ、最終的には独立して自分で会社を持ち、仕事を始めるためにはどうしたらいいのかを考えて生きてきた。

　その結果として、短期間のうちに何度も会社を変えることになるのだが、それはあくまでも自分の夢を叶えるために必要な経験と割り切った。

　そして、独立した後は、ひたすら自分の夢を叶えるためにひた走った。

第5章　夢に向かう

二社目の弱電関係のシャーシやその他部品を作る会社での勤務が三年を過ぎた昭和三九年の秋、ネームプレートを製造している会社から突然の引き抜き話が舞い込んできた。勤めているシャーシを作る会社とこの会社は、直接の取引はなかったと思うが、商売を通じて互いに交流はあったと記憶している。

このネームプレートの会社はそれまで小さかった金型部門を強化するということで、若くて元気がよく、仕事をよく知っているという噂の私に、白羽の矢を立てたのだ。

子どもの頃から物づくりや機械いじりが好きだった私には、金型という仕事が性に合っていたのだと思う。

だから、同年代の同僚より一年近く遅れて金型製造の部署に異動した私が、いつの間にか彼らを追い越して、一人前と言われるレベルになれたのだと思う。

当時の金型づくりは、今に比べてそう難しいことはあまりなかった。私自身、弱電関係のシャーシを作る会社にいた三年間で、複雑な加工技術を要する金型以外の一般的な金型であれば大抵は作れるレベルに達していた。

そのため、金型部門を強化したいという他社からの引き抜き話がきたのだと思う。今の人たちからすると想像も出来ないほど、日本の工業生産品もまだまだシンプルなものが多かったのだ。

私と直接の面識はなかったが、役員から直接誘われたこともあり、数カ月悩んだ末に、責任もやりがいも増すということで、このネームプレート製造の会社へ転職することを決めた。

また、縁とは不思議なもので、あの時、電車に乗って叔母の家に行っていなければ、駅のホームにあった求人広告を見ることもなかっただろうし、チップ製造の仕事が面白ければ、仕事を変えたいという気持ちも芽生えなかっただろう。

それでも、今思い返してみても、東京でやり遂げたい目標があったからこそ、仕事に不満を持ったのだろうし、夢を叶えるための仕事を探していたのだと思う。

単に仕事がつまらないとか、こんな仕事はやりたくないというだけの不満で転職を繰り返していたら、今日の自分はない。

だから、今仕事に不満を持っている人は、なにが不満なのか、その根底に流れている不満の本質と自分の意思をもう一度確かめたほうがいい。会社を辞めたり、転職したりするのはそれが分かってからでも遅くはない。

私を一人前の金型職人に育ててくれたシャーシを作る会社とひと悶着なかったかと言われれば、当然、なくはなかった。しかし、自分の可能性を試したい気持ちと自分の夢に向かって歩み出したい気持ちのほうが強かった。

東京に出てきた時からの夢は、いつかは独立して自分の会社を持つことだった。そのためには、早いうちにいろいろな経験をすることはもちろん、会社における人の使い方を学べる立場に自分を置かなければ、会社経営など出来ないと考えていた。

そのため、この転職はまさに自分にとっては夢を叶えるために神様が与えてくれたチャンスでもあった。

新規事業として金型部門を立ち上げるための部門長として引き抜かれた私を待っていたのは、今で言う「いじめ」だった。

突然、見ず知らずの、それも年下の人間を連れてきて今日から上司ですと言われても、長年勤めているベテラン社員の多くからしてみれば、気分がいいものではない。リストラ、合併、実績主義など、年功序列制度が崩れた今の日本では、年下の上司はめずらしくない。

しかし、今から五〇年近く前の日本の会社では、年下の上司はめずらしいを通り越す存在だった。

技術があるかないか、仕事が出来るか出来ないかなどという話ではなく、それ以前の問題だった。会社は私に期待をしているのだが、現場では私などいらない人間だったのだ。

そのため部門長である私は、村八分というか、現場の部下に話ひとつまともに聞いてもらえない状況が続いた。指示を出してもその通りには動いてくれない。無理難題を言っているわけではないのだが、どうにもこうにも組織としてうまく機能しない状況が作られていた。

私は、毎日毎日、「どうしたものか、どうしたものか」と悩み続けた。せっかく私の技量を信じて引き抜いてくれた上司のためにも、この状況を一日でも早く打破しようと心の中で誓った。

当時、二十歳そこそこの若造上司は、どのようにこの苦境を切り抜けたのか。

「とにかく自分から率先して仕事をして、余計なことを考えずに態度で示し、仕事で結果を出してみんなを納得させる」ことにしたのだ。

最終的には、多少のしこりは残ったものの、なんとか部門全員が私を認めてくれ、組織としてもうまく機能するようになった。この時の苦労は、その後自分で会社を作った時の従業員の人間関係マネジメントに大いに役立った。

自分が預かった部門がうまく回り出したその一方で、早く独立して自分の城を持とうという思いを強く再認識したのも確かだった。

なぜだか分からないが、その頃の私には三年ごとに仕事での転機が訪れていた。

このネームプレート製造の会社に入社して三年が過ぎた昭和四二年に、また別の金型製造会社から好条件での引き抜きの話が来た。

当時の日本は、高度成長期の真っただ中で、白物家電や自動車など、多くの工業製品が一般家庭に普及していった時代でもあった。そのために、それらのネームプレートを作るための金型の需要は高く、仕事が出来る金型職人も企業から引く手あまたの状況であった。

私の最終的な目標は、サラリーマン職人として一生を過ごすのではなく、独立すること。将来の独立に向けて、新しい会社でもっと経験を積む必要があると思い、転職を決断した。

また、その頃、私生活でも大転機を迎えることとなった。妻となる久枝と出会ったのだ。

この縁もまた不思議なもので、話してみるとお互いの郷里も近く、お互いの親戚も知り合い同士ということで、結婚話もスムーズに進み、二二歳で家庭を持つことになった。

結婚は人生における一大イベント、その後の人生を左右すると言われているが、まさしく自分にもその言葉は当てはまった。

「ひとつ年上の女房は金の草鞋《わらじ》を履いてでも探せ」という古い格言があるが、妻の久枝もひとつ年上の姉さん女房。また、誘われている会社は、今まで以上に労働条件も良かったので、結婚したての頃は、安定した家庭を築きたいという気持ちもあり、独立するよりは今度の新しい会社で一生働いていこうと考えるまでになっていた。考えてみると、今までの人生で、一番守りに入っていた時期だった。

しかし、本当に思っていることと違うことをしようとしても、長続きはしないのだ。新しい会社で働き出して一年が過ぎると、またもや「独立したい病」が頭をもたげた。

今度こそ腹を決めることにした。東京に出てきたばかりの自分が持っていた夢、「東京で自分の会社を持って、一旗揚げる」。その目標だけに向かって歩むことにした。

そう決めたらすぐさま行動に移さなければ、いつまで経っても独立など出来ないし、お世話になっている会社にも迷惑がかかる。自分勝手な理論かもしれないが、自分には人生の夢があり、目標がある。それを叶えるために最大限の努力をすることが自分の人生を豊かにしてくれるし、お世話になった人たちへの恩返しにもなる。

人はそれぞれ、活躍する場所を天から与えられている。私は、自分で会社を持って人や社会に貢献する。それが私の天命だと思っている。

一年余りしかその会社にはいなかったが、その会社を辞めてからの一年間は独立するための修業の期間と割り切り、金型業界内で五社ほど転職を繰り返した。

なぜ一年という短期間に五回も、同じ業界内での転職を繰り返したのかというと、多くの金型の知識を短期間のうちに吸収したかったからだ。

金型は、製造業での製品の外観の優劣や品質・性能あるいは生産性を左右する重要な要素であり、製品を製造する時には必ずと言っていいほど使われる。そして、その種類は多種多様だ。

そのために、独立して金型業を始めるためには、数多くの製造現場を歩き、多様な技術を習得しなければならないと考えたのだ。また、他の金型業者がどのような仕事の仕方をしているのかも知りたかった。

ひとつの会社で技術を磨き、深化させるという職人らしい生き方もあっていいだろう。しかし、私の選んだ道は、独立。独立するからには、顧客や取引先のどんなニーズにも応えられなければ生き残れない。そして、自らの製品は、誰にも真似できないオンリーワンの金型でなければ会社の将来もない。

他の技術者や他社のいいところは真似をして、これからの自分の糧とする。そのために一年間に五回も転職したのだった。

第6章　独　立

昭和四五年七月。この日を私は一生忘れないだろう。

東京に出てきてから一一年目にして、念願の独立を果たした。それまでコツコツと貯めていた貯金を元に、東京都足立区で一〇坪の工場を借りてのスタートだった。

独立創業した会社はどこも同じだろうが、新規の顧客開拓をしなければ明日の生活はない。私も、取引先になってくれそうな会社を大小問わずアポなしで訪問していった。

技術屋としては一人前という自信もあったが、会社を経営するとなると勝手が違う。営業から経理までなにからなにまで自分一人でやらなければならないからだ。妻の協力はあったにせよ、特に困ったのが営業だ。やったこともなければ、なんの話をしたらいいのかも分からない。経験がないからしようがないと言えばそれまでだが、営業をして仕事を取ってこなければどんなに金型の技術があったとしても、お金にはならないのだ。

人の紹介や電話帳で会社を調べたりしながら会社訪問をしては断られる日々が数カ月続いた。期待しては絶望する、そんな毎日だった。

誰も自分には仕事を依頼してくれないのではないかと思った矢先、ネームプレートを製造している会社から仕事の電話が入った。以前、訪問して断られた会社だ。

納期まで二週間というスポット的な仕事が入ったようで、取引をしている金型の会社は他の仕事で手いっぱいということで、私のところに連絡をくれたのだ。

独立した私にとって記念すべき初受注。そして、千載一遇のチャンス。どんな仕事でもきちんと対応して次につなげる。ここで失敗したら次はない。そう心に決めて仕事に取り組んだ。

約束の納期当日。

独立して初めて作った金型を自信と不安をないまぜに胸に抱きながら、その会社に持参した。製品確認をしてもらった担当者からの評価は、「極めて良好」という言葉だった。ホッとした気持ちと嬉しさで涙が出そうになった。

後で担当者から聞いた話では、私に連絡してきた金型は、製造に少し技術を要する難しい代物で、それまでの取引先が数カ月かかっても出来なかった製品だったとのこと。

この話を聞いて、「会社員時代に同じようなことがあったなあ、先輩が一年もかけて出来なかった金型を、苦労しながら三カ月で完成品を仕上げたことが……」と、昔の思い出がよみがえってきた。

この受注を境に、この会社からは定期的に仕事をもらえるようになり、それをきっかけに他社への営業活動もうまくいき始めて、独立創業一年後にはなんとか会社が回るまでになっていった。

しかし、創業時にもっとも困ったのは、仕事がないことを別にすれば、資金繰りだった。仕事がないならないで、お金は減っていく。仕事があればあるで、経費の先出しでお金が減っていく。創業したばかりの会社には、金融機関は冷たいもので、会社に信用がない、売り上げがない、いつつぶれるかわからない、自己資産が少ないなどのないないづくしだと言って、与信が立たないからとお金を貸してくれない。

この状況は今でも変わっていないと思う。産業構造が変化し、新たな産業を生まなければならない今の日本においても、新産業に対する銀行融資、起業したい人への創業者融資など、本来、応援すべき立場でなければならない金融機関は、困っている時にはなにひとつ手を貸してくれないのではないか。

この本を読んで、起業や独立を考えている人は、まずはきちんとした自分の将来ビジョンや技術を身につけるのは当然のことだが、お金のやり繰りをどうするかもきちんと考えておいてほしい。

私の場合は、貯めていた資金などは会社がスタートしてすぐに足りなくなり、妻の預金を借りるなどして、どうにか会社を運営することができた。しかし、その時のお金の苦しみは今でも忘れることはない。

ただ、それはそれで、なお一層会社を成功させなければという強い原動力にもなったことは事実だ。

高度成長期に独立したという時代的背景もあったと思うが、創業直後の数カ月は仕事もない状態だった。しかしその後は、お金の苦労は別にしてなんとか会社を回せるだけの仕事も入るようになり、まずまず順調な滑り出しをすることが出来たことは幸運だった。

また、質の高い仕事と誠実な商売の姿勢が取引先からの信頼を深めることにもなり、仕事量もだんだんと増えていった。そこで、創業から半年経った頃、妻の弟を田舎から呼んで一緒に働いてもらうことにした。

もちろん、早く一人前の技術者になれるように、金型職人としての技術を私が一から厳しく教え込み、本人も早く仕事を覚えようと頑張ったことは言うまでもない。「石の上にも三年」ではないが、最初の三年間はがむしゃらに頑張ると心に誓い、仕事をすることにした。

創業から三年間は一日も休まず、仕事に没頭し続けた日々だったが、実は、それだけではいけない。英気を養ったり、違う世界を覗いて視野を広げることが仕事の幅を広げることにつながると思い、第一・第三日曜日を休業日として、自分を高める日とした。

今の時代から考えると仕事中毒のように思われるかもしれないが、あの時代は大企業でも日曜日しか休みはない時代だ。

そして、創業四年目を迎えた時、私の人生で一番ショックなことが起こった。母がガンで死んだのだ。享年五七。まだまだ若い。

これから私の会社が大きくなって、少しでも親孝行ができるのに、それを待たずに母は逝ってしまった。

一五歳までしか親から受けた教育はなかったが、それでも、それまで特に母が教えてくれた数々のことは、都会で生きていく私の心の支えとなっていた。

母が死んだという事実はなかなか受け入れ難く、時には仕事が手につかない時もあったが、死んだ母が喜ぶのは、都会で成功をつかむこと、そして幸せになることだと思い、それまで以上に仕事に邁進するようになった。

第7章　仕事が増えていくのはいいのだが

昔から車は好きだった。

一般家庭にまで車が普及し始めたとはいえ、昭和四〇年代の日本社会では、車を所持することは一部のお金持ちの人たちだけのステータスだった。

創業してから四年が経った頃、同じ年頃の男性が近所で板金業を始めた。ちょうど高度成長期だったこともあり、彼が始めた建築業関係の板金業はとても羽振りが良く、当時若者の間で人気のマツダロータリークーペに乗っていた。クルマ好きの私としては、羨ましい思いでいっぱいだった。

一方、私はというと、お金が入ってくるとすべて設備投資に使っていた。持つ者と持たざる者との違いかもしれないが、無一文から起業した人間にとって一番大切なのは、会社を続けていくための努力だと心の中で何度もつぶやいた。

そんな私にも、ついに自分の車を持てる日がやって来た。会社の経営も落ち着き、仕事も安定的に入ってくるようになるにつれ、それまで使っていたオートバイでは、仕事に支障をきたすようになっていた。

そして、ついに中古だが夢にまで見た軽のライトバンを購入したのだ。当時のお金で九万円。小さい会社には大金だったが、これを機会により仕事に精を出し、今度は新車が買えるようになりたいと次の目標を立てることにした。

創業五年目の昭和四九年、事業も順調に拡大し、それまでの一〇坪の工場ではいかんせん手狭になってきた。同時に、オイルショックなどの影響もあり日本経済の成長にも陰りが見え始めてきて、これからどうしようかと会社の将来を真剣に考えるようになった。

やはり会社は大きくしたい、でもどうしていいか分からない、そんな状態が続いていた。

そこで、東京の父親のような存在で親しくお付き合いをさせてもらっていた埼玉県八潮市で不動産会社を経営している方のところへ、会社や将来の悩みについて相談しに行った。
その社長からは、「お前は誠実でまじめで、田舎から出てきて一生懸命に仕事をしているちゃんとした人間だ。一生懸命仕事をすれば必ず成功するから、しっかり仕事をしろ！　いつまでも工場を借りて仕事をしていてもしようがないから、自分の工場を早く持ちなさい」というアドバイスをもらった。

時として人は、自分一人だけでは解決できない悩みがある。その時、誰かきちんとした意見を言ってくれる人生の先生を持っておくといい。そういう方からのアドバイスは、人生の様々な場面できっとあなたを助けてくれることになるからだ。
人生の先生は、肉親でもいいが、肉親の場合、あまりにもお互いに情が入りすぎて甘えてしまうので注意が必要だ。学校の先生、先輩、取引先の人、友人など、自分が一番信頼できる人ならその候補になり得る。

数カ月後、足立区の自宅の近くを散歩している時に、たまたま工場用地として適当な土地を見つけた。その土地は、区画整理組合が売り出している土地だった。

後日、その土地のことで組合の事務所に直接出向いたところ、組合長がその土地の所有者と分かり、いろいろと仕事のことについて話すと、私の仕事に懸ける熱意に組合長は理解を示してくれて、正式に組合との間で土地の売買契約を結ぶこととなった。

その土地の広さは七五坪、当時のお金で二七〇〇万円。会社の年商は二〇〇〇万円ぐらい。それまでは、一〇坪ほどの工場を借りていた、まだまだ小さい町工場の経営者の身分である。購入しようとしている土地は広い。年商に比べれば大きな買い物以上の買い物になる。いろいろ悩んだ末、半分だけ売ってくれないかと組合に尋ねてみたが、答えはノー。そこで地元の信用金庫に相談し、土地を担保に土地代金二七〇〇万円を全額融資してもらい、無事購入することが出来た。

しかし、工場本体は、資金不足ということもあり、建設できないままであった。独立して六年目、三〇歳になっていた。

今の時代では考えられないが、当時、仕事はいくらでもある時代だった。その時代に独立し事業を興せたことは幸運だった。

大企業でなくても、年齢が若くても、確かな技術を持って信頼される仕事をしていれば、仕事が向こうから歩いてきてくれたのだ。

どの会社もどんな人も、明日は今日より素晴らしいものになるという夢を持ち、敗戦の屈辱から総力をあげて立ち直り、国や人々を豊かにしようという志を持って多くの人が生きていた時代だ。

信用は一番の宝。人を裏切らず、嘘をつかず、貧しく忙しいだけの毎日だったが、生きる実感を毎日味わいながら生きていられた時代だった。

新しい工場用地を取得してから半年ほど経った頃、以前にもまして仕事はどんどん増え、創業当時から使っている一〇坪ほどの工場では、どうにも仕事が間に合わなくなってきた。

しかし、土地は買ってあるが工場は建てられない。信金からは、この土地の購入代金を融資される時に、今後二年ぐらいは追加融資はできないとの話をもらっていた。仕事は増えている。土地は担保にしてある。どうしても追加融資は無理なのだろうか。もどかしい毎日が続いた。

なんとしても工場を建設したい。追加の融資はできないと信金は言っているが、仕事も増えているので、改めて融資の相談に信金に行くことにした。

追加融資の交渉は難航したが、なんとか融資の約束を取り付けることに成功した。

これでスムーズに仕事をすることができる。安堵感で胸がいっぱいだった。

独立した当時は、一人で船出した会社だが、時代の応援もあり独立から半年経った頃、妻の弟にも来てもらい、彼との二人三脚でここまでやってきた。

今回、新しい工場を建てるにあたり、社員をもう一人増やすことにした。私以外は、みな金型の技能については発展途上だが、やる気満々、仕事もどんどん増えてきていて、未来に明るい希望を持ちながら仕事に打ち込んでいった。その頃は、家電製品につける社名やブランド名のネームプレートが主な仕事だった。

夢を持ち続け、語りながら自分に言い聞かせ、そして、自分と勝負をする。

夢に向かって、自分と勝負をしなければ夢は現実のものとはならない。田舎から東京に夢を抱いて出てきた人間からすると、夢を持ち、夢を現実のものとする努力をするのはあたりまえのことなのだ。

苦労して工場用の新規の土地を購入することも、新しく人を雇い入れるのも、すべて自分の夢を叶えるための行動なのだ。

そんな自分から見ると、今の若者の多くは、恵まれている。お金の苦労は知らないし、社会も豊かになり、自ら進んで苦労をするというよりは、楽なほう、楽なほうへと歩んでいくのも、時代を考えると致し方ない気もする。

しかし、本当に自分の夢を叶えたいのなら、自分の信念をしっかりと持ち、叶えたい夢に一直線に向かっていくことが大切だ。

そして、それを実現するために、あらゆる誘惑に打ち勝つ強い気持ちとそれに負けない自分との闘いをしなければ、夢や希望は成就しない。

また、天職を見つけることは、誰にとってもそうたやすいことではない。どんな仕事でも初めは素人だし、自分に合っているかどうか分かるものではない。しかし、その仕事が楽しい、その仕事を通して自己実現が出来ると思えるのなら、それはその人の天職と言えるのではないだろうか。

新しい工場は、昭和五一年に出来上がった。一階は工場、二階は住まいという工場兼住居だった。

第8章　オフィスビルのような工場は私の夢

業容も順調に拡大し、創業一〇年目の昭和五四年、工場の前にある土地を購入して、工場を拡張することに決めた。

当時は、ちょうどNC時代に入る頃だった。工場を拡張するにあたり、同業他社や取引先、業界紙、専門誌からの情報を得たり、展示会に足を運んだりしてNC化に対応した設備投資を行うことにした。

また、拡張する工場は、外観が工場には見えない、きれいなオフィスビルのような工場にしようと考えた。

清潔できれいな工場。一日の大半を過ごす職場の環境を整備することは、働く人の気分も良くなり、仕事の効率や質も上がるだろう。そうすれば、製品の信頼性も高まり、仕事も多く来る。多く仕事が来れば利益も上がり、従業員の待遇も良くなる。そうなれば従業員たちはまた良く働いてくれるという好循環が生まれると考えたのだ。

創業から一〇年、社員はさらに二名増えて、全員で五名となった。年商も六〇〇〇万円近くになり、もっと上を目指そうというい い雰囲気が会社全体にも出てきた。

どうして、きれいなオフィスビルのような工場にしようと思ったのか、その理由はいくつかあるが、次のような理由が一番ではないだろうか。

金型業界は中小零細企業が多く、いかにも町工場というような環境で製品を作っているところが多い。

しかし、私はそのような典型的な3K職場にはしたくなかった。町工場だが、他社と違った工場、見栄えのある工場を作りたかった。また、そのような工場だと働く従業員のモチベーションも上がり、会社の利益に大いに貢献してくれるだろうという思いもあった。

もちろん、工場はきれいだが技術は未熟というのでは話にならない。製造業である限り、きちんとした技術、質の高い技術があってこそ、取引先からの厳しい要求に応えられる。そのためにNC工作機械などの先進機器も積極的に導入することにした。

昭和五〇年代の初め頃は、製造業全体がOA化、NC化されていった製造技術革新の時代だった。金型製造も例外ではなく、手作業で、一つひとつ作っていた時代から、コンピューター制御された機械による製品製造の時代へと変わっていく頃だった。

頑なに昔からの習慣ややり方を守っていくのもいいが、やはり会社は時代とともに生きていかないと生き残れない。

中小零細企業の多い金型業界でも、時代の流れを無視するわけにはいかない。もし時代の流れに乗っていけるような経営が出来れば、必ず生き残れるし成功することも可能になるのだ。

工場拡張に対しては、それまでの実績もあり、信金からはすんなりと融資が下りた。融資はありがたいことだが、借入金は増えるばかり。借りたお金は返さなければならない。お金を返すには、仕事を増やして利益を出さなければならない。

しかし、もう高度成長期ではない。これからはこれまでとは違うこと、違う対応を前提に仕事をしていかなければ利益も出なくなり、借入金を返すことは難しくなるだろう。

同業他社に負けないオンリーワンの製品が出せる技術とIT化、NC化を加速させて、会社の体質を変革していく。同時に社員の意識改革も行う。そうしなければ、会社も自分も将来はないだろうという考えがより強くなった。

二〇一一年版の中小企業白書に、昭和五五年から平成二一年の間に創設された企業の一〇年後の創設経過年数生存率は約七〇%で、約三〇%の企業が撤退しているという統計が出ている。

私も創業後の一〇年間を思い返してみても、会社を続けていくことは容易ではなく、毎日がチャレンジの連続だった。

創業して一〇年続けてこられた秘訣はなにかと聞かれれば、「人に好かれる」「社員は財産」「自分に厳しく他人にはやさしく」「仕事はまじめに誠意を込めて」という信念を持ってやってきたから続けられたのだと答えるだろう。そして、その信念があったからこそ、ある程度の成功に結び付いたのだと思っている。

仕事は一人ではできない。一人でやる仕事はただの仕事だが、みんなでやる仕事は夢になる。

会社を大きくしたくても、一人の力では限界がある。みんなで心をひとつにしてやるから、会社も大きくなるし、大きな夢を持つことができる。

しかし、そのことを忘れている中小企業の社長がいかに多いことか。

会社を大きくしたい、利益を上げたい、もっと有名になりたい、そういう気持ちがあるのなら、なぜ一緒に働く社員を大切にしないのか。利益が出たら、社長や社長の家族で独り占めにして、社員には働かせてやっているんだから文句は言うなといわんばかりに還元しない。それでは、気がついたら会社には誰もいなくなったという状況になってしまうだろう。

社員のやる気を引き出す。後進を育てる。そして、会社をひとつにして目標に向かって邁進する体制を作る。これら経営者としてもっとも重要なことが出来ないようでは、会社の未来が明るくないのは当然だ。

また、社会で生きていくための知恵は、すべてお客さんから教えてもらった。

お客さんはなにを考えているのだろう、お客さんの本当の要望とはなんだろう、いつもそう考えて仕事をしてきた。

そして、お客さんに好かれることも仕事をするうえでは重要だ。お客さんに好かれれば仕事を回してもらえる。受けた仕事は、まずは「はい」と言って、お客さんの要望を聞いて、すべてをいったん受け入れる。でも、出来ないことは出来ないときちんと言うことも大切だ。仕事が欲しいために出来ないことも出来ると言っては、最後の最後に信頼に傷がつく。信頼に傷がつけば、仕事は来なくなる。

さらにお客さんとの人間関係において、「言葉」はとても重要だ。言葉の使い方ひとつでいい関係にも悪い関係にもなる。言葉遣いにはいつも気をつけていた。

創業からの一〇年間は、とにかくがむしゃらに働いた。会社を大きくしたい、ライバルに負けたくない。ゴルフもしたいし、遊びたいが、今に見ていろという感じで、仕事以外の余計なことには極力目を向けないで過ごした日々だった。

独立して頑張ろうと思ったら、楽な道はない。少しお金が出来たからと言って、楽をしよう、遊ぼうなんて考えていたら会社はつぶれてしまう。

しかし、遊ばない、趣味は仕事、というようなバランスが取れていない経営者では、もっといけない。

最低限の人付き合いはする。ただ、相手に嫌われるのが怖くて、誘いを断りきれないようではダメだ。自分が叶えたい夢や目標があるなら、それが現実のものとなるまでは、人に流されてはいけない。誘いを「うまく断る」ことが出来るのも才能なのだ。

問題を起こさないレベルでうまく人と付き合う。三回誘われたら、一回ぐらいは誘いに乗る、それが大切だ。

また、自分が熱中できる趣味を持つことは、ストレスが多い経営者にとっては大切なことだと思う。私は、ゴルフはやらなかったし、お酒もそんなに好きなほうではなかったので、趣味として社交ダンスを楽しんだ。

仕事での日々のストレスをなんで解消するか。私にとってストレスを解消するものが、社交ダンスだった。社交ダンスをやっている最中は、身も心もスッキリして、また、活力が湧く。社交ダンス以外では、カメラも下手の横好きだが、風景写真を中心に撮影している。

自分にとって心が解放されて心地よい場所や趣味を作ることは、仕事で成功するうえで大切なことだ。

また、がむしゃらに働くのと同じくらい頭も使わないと成功はしない。

同業他社、ライバルがしていることをよく見て、自分ならどうするか、もっといいものを作るにはどうしたらいいかを絶えず考える癖をつける。

製品の質を向上させて利益を出せるようにする。製品の質を落として、コストを削減して利益を出すような会社では、その会社の将来が明るくないことは、火を見るよりも明らかだろう。

最終的には、他社がやるのと同じ結果になるかもしれないが、いつでも創意工夫をする意識を持つこと、言われたことをただやるのではなく「自分ならどうする?」といつでも自問自答する習慣をつけていくことが大切だ。

ちょっとした違いの積み重ねが、最後に大きな花が開くか開かないかの違いとなる。まさしく、「千里の道も一歩から」なのだ。

もしあなたがサラリーマンなら、創意工夫をしながら日々仕事をしていても、すぐには成果が見えないことが多いと思う。しかし、そこで腐ってはいけない。そんな小さい積み重ねが、やがて仕事としての大きな結果を生み出す元になっている。仕事での結果が出てくると、上司の目にとまったり同僚からの信頼が増したりしてきて、より仕事がやりやすくなり、自分の仕事に自信が持てるようになるという好循環が生まれるのだ。

「小さいことの積み重ね」「他人との違い」は、ビジネスで成功するための大切な要素となる。

第9章　第二の創業

創業から一八年が経過した昭和六三年の一一月頃、埼玉県八潮市で工場用地を売りに出しているという情報が入ってきた。その土地は、足立工場の約三倍の二〇〇坪の広さがある土地だ。

足立の工場兼住居の土地建物を売ってこの土地を購入すれば、資金繰りや信金への借入金返済計画も楽になる。

しかし、そのやり方で八潮の土地を購入するとなると、今までやってきたことをすべて捨て去るようで気が進まない。なにより、足立の土地建物は私にとっても会社にとっても大切な財産なのだ。

今でもそうだが、当時、金融機関は土地担保主義をとっていて、土地を担保にして融資をしていた。創業間もない人が、金融機関に行って融資を申し込んでもなかなか融資してもらうことが出来ないのは、その人に物的資産、いわゆる不動産がないという場合が多い。

金融機関は、自分たちが損を被ることはまずしない。融資を申し込んでも資産価値があるものを持っていなければお金を貸してもらうことは難しく、なおかつ持っていたとしても必ず連帯保証人を要求する。つまり、いくつものセーフティーネットを構築するのだ。だから、手元に資産価値がある土地があるのに、手放すのはもったいないことなのだ。

「仕事に精を出す人は必ず富を得る」

田舎から出てきて間もない、まだ二十歳の頃にお世話になっていた東京の父親ともいうべき八潮の不動産会社の社長が、私によく言ってくれた言葉だ。その社長は、まだ社会に出て日も浅い私に、社会で生きるためのイロハを教え込んでくれた方でもあった。

返済は大変になるかもしれないが、足立の土地は売却せずに八潮の土地を購入しよう。そして、今まで以上に社員と力を合わせて働いて、一日も早く借入金を返済し、会社を大きくしようと決心した。

土地の購入代金は一億四〇〇〇万円、最初の足立区の工場用地の購入代金を考えれば、よくここまでの買い物ができるようになったと自分を褒めてやりたい気持ちになった。

八潮の土地を購入して工場を建設することは、会社にとって第二の創業とも位置づけられる大事業だった。会社を大きくすることは、私の夢でもある。八潮に工場を作り、さらなる飛躍に懸ける。そんな気持ちでいっぱいだった。

昭和六三年から平成元年は、金型業界は世間のバブル経済を横目にプラザ合意の影響を受けた円高不況の真っただ中にいた。

どういう運の巡り合わせなのか、私が土地を買ったりする時は、世の中は不況で、工場向きの土地も安かった。八潮の土地を購入したのも、そんな時期だった。

翌年には創業二〇周年を迎えようという平成元年一一月、この八潮の土地の購入話が持ち上がってから一年後、新工場が竣工した。従業員は八名。工場が広くてしようがなかった記憶がある。

また、八潮の新工場が竣工した時、会社の経営理念、「チャンス（Chance）、チャレンジ（Challenge）、チェンジ（Change）」の「3C」を制定した。

・チャンス「Chance」……過去からの流れと将来の社会情勢を予測して成長のきっかけを見出す

・チャレンジ「Challenge」……チャンスをものにするために積極果敢に挑戦していく

・チェンジ「Change」……未知なる状況に直面した場合は、熟考したうえで今までの考え方を捨て去り、新しい見方をする

日経平均株価が三万八九一五円八七銭という過去最高値をつけた平成元年の大納会の日は、バブル経済の崩壊が始まった日でもある。その日以降、日本経済は、浮揚するきっかけを得られないまま二〇数年が過ぎ、二一世紀に入ってはデフレ不況にあえいでいる。

しかし、我が社は、なにが理由かわからないが、八潮の新工場が完成し本格操業を始めた平成二年に入るなり、仕事が後から後から入ってくるようになった。

この頃は、創業当時からのメインの仕事であるネームプレートの仕事以外にその他の金属加工の仕事も増えていた。いつになっても仕事が終わらない状況が、一、二年続いた。

八潮への工場移転が、会社に幸運をもたらしたのか？　移転した方角が良かったのか？　どんな理由にせよ、八潮への移転が会社の飛躍のきっかけとなったことは間違いなかった。

第二の創業と位置づけた八潮移転。工場はこれまでの三倍の広さになり、営業活動も今まで以上に熱が入っていった。

従来からの顧客も新規の顧客も、工場を見るなり、「ここなら出来る」「ここなら大きな仕事、大物の製品も出来る」と言って喜んでくれた。

工場の近代化、効率化のためにＮＣ工作機械も積極的に導入した。そんなことも取引先に好印象を与えたようだ。

平成に入っての数年間は、バブル経済がはじけたとは言っても、まだまだ経済自体はそれほど落ち込んでいなかった。

そのため仕事は十分あるのに、人手が足りないことに頭を悩ませる日々が続いた時

八潮工場の正面入口

期でもあった。この頃の年商は八〇〇〇万円、年商一億円の大台まであと少しのところまで来ていた。借金をしても必ず返せるという自信もついてきた。

八潮に工場を移転してから二年もすると、実際に工場として使っているフロアだけでは手狭に感じるようになった。幸い、今度の工場はフロアに十分余裕を持たせて建ててあるので、使うフロア面積を大きくすれば手狭感は解消する。問題は、将来を見据えてどんな機械を導入していくかという、簡単そうで一番難しいことだけが残っていた。

平成に入ると、家電・自動車などのメーカーでは、ロボットを使ったり、NC工作機械を使ったりして、製品の競争力を高めていった。しかし、金型業界では、ＮＣ工作機械を導入して業務を改善したり競争力を強化しようと考えている会社は、まだまだほんの一握りだった。

私は、創業以来、「なにか人と違うことは出来ないか」ということを絶えず考え、時代の変化に柔軟に対応しなければ生き残れないと考えていたこともあって、我が社は業界の中では早くからＮＣ工作機械を導入していた数少ない会社のひとつだった。

そんなことを常に考えていた私でも、新規の設備投資となると簡単に「はい、導入します」というわけにはいかなかった。

最新のＮＣ工作機械は、一台数千万円もする。しかし、時代の流れを見れば手作業ですべて対応する時代は終わった。高価だが、導入しなければ会社の将来はない。そのため導入に際しては、機械の性能情報などを出来るだけ集めて、各種の機械の性能を比較検討し、必要と判断したＮＣ工作機械は必ず導入するようにした。

また、ＣＡＤ（コンピューター支援設計）も業界では早い時期に導入し、金型設計の製図作業や図面作業の効率化と正確化を向上させていった。

そして面白いことに、新しい機械を入れれば入れるほど、仕事が増えていった。

購入した時はとても広い土地だと思っていた八潮工場も、竣工から八年経った平成九年には、またもや手狭になってきていた。そのため、工場の前方にあった土地を購入し、工場を拡張した。

仕事が増えて、会社を大きくしていくことは私の夢のひとつではあるが、さすがに「仕事が増える→工場が手狭になる→土地購入、工場建設→仕事をする、仕事が増える→工場が手狭になる→土地購入、工場建設……」の循環では、いったい自分はなにをしているのだろう、もっと腰を据えて仕事をしていかなければダメだという思いにとらわれることもしばしばだった。

しかし、一度始めた闘いは、止めるわけにはいかない。取引先の要求に応えて、いい製品を作り出していかなければ会社の存続も危うくなる。時代に合った設備投資をしていかなければ、競合他社との競争にも負ける。

いったいいつになったら借金の返済が終わるのかと思うこともたびたびあるが、購入した土地、機械、建物は、すべて会社の大切な財産なのだ。

今にベストを尽くす。今がなければ明日はない。仕事も人生と同じだ。

会社が伸びる時というのは、様々な運や縁が複雑に絡み合った結果なのではないか。

私はよく他人から、「運がいい」と言われる。自分では、「努力するから運がやって来てくれる」と考えている。なにもしないでいい運がやって来るわけはない。常日頃の努力、初心を忘れずにまじめにこつこつと目標に向かっていくからこそ、運が味方してくれるのだと信じている。

運がいいということで言えば、ヒット商品に恵まれるということもある。

我が社の金型自体がヒット商品になることはないが、我が社製の金型を使用して生産された製品がヒット商品に使われているということは、よくあることだ。

最近の我が社のヒット商品というと、デジタルカメラ（デジカメ）だ。

平成一二年頃、デジカメが流行り出したちょうどその時、デジカメの仕事の話が舞い込んできた。

デジカメのフレームは、アルミニウムが多用されている。創業の早い時期から弱電機器部品を作っていたこともあり、アルミニウムの取り扱いには慣れていたという自負もあった。「アルミなら出来る、得意だよ」ということで、仕事を請け負い始めた。

アルミニウム素材は〇・八ミリぐらいの柔らかく薄い板なので加工・成形するのが難しい金属で、誰にでも簡単に手が出せる材料ではなかった。

プラスチックは、型に流し込んでいけば、その通りに加工・成形ができる。しかし、アルミニウムは、一枚の材料から絞る（成形する）ので難しい。

金型は鉄の鋼《はがね》なので、材料がアルミニウムの場合は、柔らかい素材に無理してその鋼の金型を食いこませて角を出すので、硬度の違いからその角が切れてしまうことがよくある。また、アルミニウムは一般的な鉄の薄板より、成形時に皺がよりやすい。

しかし、鉄の製品と違って出来上がった製品は軽い。また、アルミニウムで成形する製品は、その完成品の外観（外装）部分に使用されることが多いため、要求される製品の品質も高い。試作品での成形の結果はいいのだが、量産品になると工場のラインの一部として不良品を出さないようにしないといけない。量産化するための試行錯誤は、他の金属製品に比べると格段と多いのもまた事実だ。

ＣＡＤを使えば生産性を上げられるが、きちんとした使い物になる金型を作るには、やはり長年の知恵と経験がものを言う。どんな難しい技術を要する金型でも技術者一人ひとりの技量を高め、知恵を出し合うことで技術的困難を克服することが可能となる。

ヒット商品となったデジカメの仕事をやれたことも、結局はいいビジネスパートナーに恵まれたということなのだと思う。

平成一八年から一九年にかけて、デジカメの金型をメインに質の高い金型製品を生み出していたこともあり、デフレ不況下にもかかわらず仕事に追われる日々が続いていた。

この頃になると、工場のレイアウトも落ち着き広さも十分に確保されていたので、工場内を自由にフォークリフトが動き回れるようになって作業効率も上がり、歩留まりも改善した。

そして、平成二〇年三月、念願だった上下左右斜めなどが多角的（五次元）に加工出来る五軸マシニングも導入した。

この機械は、工程短縮、納期短縮、生産性向上が期待出来るのと同時に、一台の機械で五人分以上の仕事をしてくれる。より難しい加工が出来る機械で、他社との競争でも優位に立てる機械でもあった。そんな機械をついに導入することが出来たのだ。

また、翌平成二一年には、国内の有力電気機器メーカーと直接取引を開始できるまでになった。金型専業会社としては異例のことであった。

それまでの取引経緯と技術的な信頼があって、電気機器メーカーと直接取引が出来るようになったのだ。同時に、その電気機器メーカーとしては、弊社の技術を使って競合他社に同じような品質の製品を作られないための施策でもあった。

第10章　時代の流れを見極める

創業から三五年目を迎えた平成一六年、またしても工場が手狭になってきた。工場の近くで土地はないかと探していたら、いい土地があると取引銀行が話を持ってきてくれた。しかし、今度はもう一人、別の土地購入希望者がいたのだった。

工場を分散して建てるのは仕事の非効率化にもつながるし、管理も大変だ。昔から「隣の土地は倍の値段でも買え」という格言があることも思い出し、かなり無理した金額だったが購入価格を提示した。別の購入希望者は、そこまでの価格を提示していなかったようで、幸運にも工場に隣接する土地を購入することが出来た。

そして、この土地が入手出来たことで工場のＩＴ化や工作機械の大型化が一気に進展した。また、社員の休憩場所や打ち合わせスペースなども作ることが出来た。

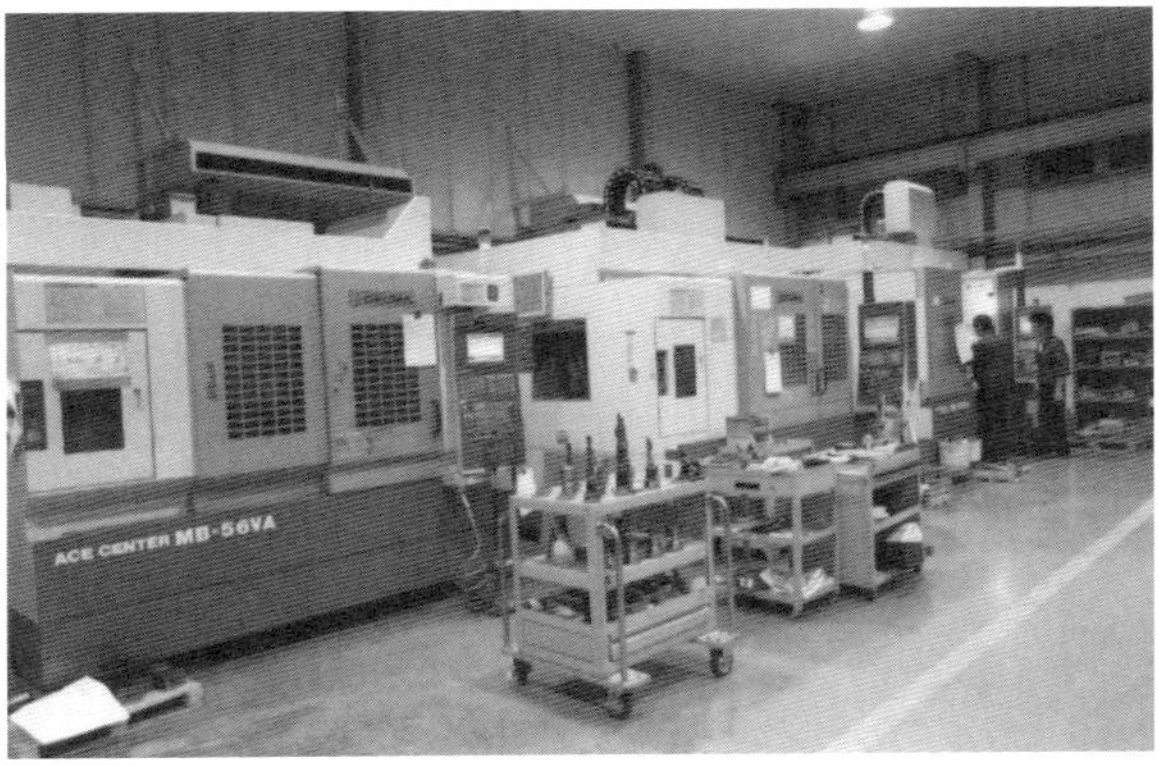

工場内にある工作機械

この工場拡張により、工場の敷地面積は六〇〇坪になり、複雑な加工ができる大型の機械を導入したことで、それまで受注できなかった大型の金型も受注できるようになった。

弱電機器、住宅関連、自動車、OA機器の部品の金型を作るようになるなど、扱い品目も多岐にわたると同時にそれに比例して売り上げも伸びていった。

従業員も二五人以上になっていた。創業当時を思い起こすと、隔世の感を覚えざるを得ない。

平成元年に、主力工場を東京都足立区から埼玉県八潮市に移してから、現在までもう二〇年以上の歳月が流れた。

八潮での日々を振り返ってみると、平成元年、新工場竣工。第二の創業と位置づけ、今後の目標を設定。従来の弱電機器の部品の金型に加え、住宅関連、自動車、ＯＡ機器の金型の取り扱いを開始。時のバブル経済の波にも乗るが、技術本位の経営方針によって、バブル経済崩壊後も順調に売り上げを伸ばす。

平成九年、工場が手狭になり拡張。ＣＡＤの積極導入など、工場のＩＴ化を推進。二一世紀に入り、デジタルカメラのブームが始まる。デジカメの金型を製作し、さらに業容が拡大。

平成一六年には、隣接する土地を購入し工場を拡張。より複雑な加工ができる大型機械を導入する。家内制手工業的要素が強い金型業界で、いち早く時代の流れを読み、それに対応した積極的な設備投資施策が功を奏して、デフレ不況が続くなか、高品質な金型を製作できる工場として取引先の信頼も厚い企業へ成長する。

売り上げも、平成元年に八潮に新工場を建設してから二〇年間で二倍以上になった。独立して自分の会社を持ち、会社を大きくして、東京で一旗揚げるという自分の夢を叶えられたことを実感すると同時に、一区切りがついたのだという気持ちになった。

会社が順調な時こそ、今まで以上に慎重になり、気を引き締めるべきだ。

これは、人生にも言えることだが、多くの人は苦労した時の分を取り返そうと、必ずと言っていいほどいい時に楽をしようとする。

しかし、それではいけない。事業に成功して金儲けが出来たのは素晴らしいことだが、お金は麻薬と同じで、人の人生をも変える力がある。

いい時もあれば悪い時もあるのが会社であり、人生だ。順調な時ほど、悪い時を乗り越えるための準備をする時だと肝に銘じておいたほうがいい。

儲かっている時こそ、会社設立当時の初心に帰り、素直に人の意見に耳を傾ける謙虚さを持ち、自分を見つめ直し、悪い時に備えるのだ。

ここで、技術者としての心構えについて話しておきたいと思う。

誰でも一〇年同じ仕事をきちんとやっていれば、その道のプロになれると言われている。しかし、一〇年同じことをやり続け、そして技能を高め続けることは並大抵のことではない。

しかし、土台がしっかりしていない家は、ちょっとした風や雨でぐらつくように、土台がきちんとしていない技術者は、機械化の進んだ今の製造現場では、いつまで経っても機械に使われることになる。

テレビや新聞では毎日のように、円高で日本の輸出企業の利益が減り、このまま円高水準が続けば、輸出企業の工場はすべて日本から出ていくだろうという悲観的な報道がされている。

日本の輸出企業の工場が経済のグローバル化に伴って、価格競争力をつけるために海外に生産工場を移転させ始めたのは、今に始まったことではない。

日本の金型業界は、技術的に素晴らしいが、他の製造業と同様に中国をはじめ人件費の安い海外へどんどん出ていってしまっている。

今ではもうたいていの金型は、人件費の安い海外で作られている。現地に技術者がいなくてもいい。図面と工作機械、それに日本の企業を退職した経験者がいれば、どこででも金型は出来てしまう。

近年の我が国の流れは、国や企業が定年退職した熟練技術者を、海外支援や技術援助という名の下、海外に送り出している。まるで技術流出を応援しているような状況だ。日本の技術を守ることよりも、賃金が安い海外でやりなさいとでも言うのか。

国内に残っている金型製作会社は、今後どうしたら国内で生き残れるのだろうか。

海外では作れない難しい金型、コストは高くても高品質、他国では出来ない金型を作っていかなければ生き残れない。

また、現場から見ていると、今の日本の技術力はずいぶん低下しているように感じる。ボタンを押せば製品が出来る時代だからこそ、一人ひとりの意識改革が必要だ。簡単に出来るならそれでいい、機械が作ってくれるから細かい技術は必要ない、では、真の技術者としては心もとない。

真の技術者となるために、本質を見る目を養う、意識改革をし、成長する。他社で出来ない製品を作るために絶えずチャレンジする心構えとそれを可能にする技術を習得する。このことを強く心に刻んでほしい。

私は、モノづくりとは高度な技術の蓄積と常に新しい仕事にチャレンジしていくことが基本であると考えている。

コンピューター化、マニュアル化が進んで、誰でも一定水準の製品が出来るようになった今の世の中ではあるが、やはり本当の技術的なことを突き詰めれば突き詰めるほど、昔の技術の習得の仕方のほうが優れていると感じる。

その理由は、それこそ基礎からすべてのことを経験したうえで、人や社会との関わりを含めすべて知らなければ、一人前の技術者とは言われなかったからだ。

ただ単に、設計図に求められている製品が出来上がればいいというものではない。ひとつの製品が出来上がるためには、その裏では何百人という人が関わっているということも忘れてはならない。

ひとつの素材、ひとつのやり方、細かいところに潜んでいる様々な問題は、機械を操作しているだけでは分からない。

コンピューターで制御された機械は万能ではない。答えがあるモノしか生み出すことは出来ない。だからこそ、モノづくりで大切なイノベーションは、手触り、長年の勘という人間の経験からしか生まれてこないのだ。

本当の技術を持ってモノづくりに励む――オートメーション化する現代のモノづくりに、一番必要なことかもしれない。

そして、将来にわたって誰にも真似できない仕事をし続けようとする意欲が、モノづくりの現場で生きていくための不文律でなければならない。

最後に——夢を叶えるには

平成一二年、茨城県坂東市の八龍神社に高さ三メートルの狛犬一対を奉納させていただいた。

東京に出てくる時に、都会で一旗揚げるという夢を持っていた自分の夢が形になったという意味で奉納させていただいた。さらには、創業三〇周年の記念に、という意味合いもあった。

なぜ中卒の私が、東京に出てきて天職とも言える仕事に出合い、独立して会社を始め、そしてある程度の成功を収めることが出来たのだろうか。

その答えは、私が人生の目標を早くから決めて、それに向かって脇目もふらずに進んだからだ。

平成12年、創業30周年記念に茨城県坂東市の八龍神社に高さ3メートルの狛犬一対を奉納

人生の目標を決める。他人と同じことをしていてもダメ。他人と同じように遊んでいては成功しない。遊ぶにしても成功につながるような遊び方をしていかなければいけない。いついかなる時も、これらのことを忘れずに生きてきた。

次に挙げるのが、私なりの人生に成功するための六カ条だ。

成功するためには……

①一生の目標を決める
②決めたらその目標を達成するための方法を考える
③他人と同じようにしていては成功しない
④他人と違う、ちょっと違うなにかをいつ

も考える

⑤うまくいき始めたら、初心に帰り、素直に謙虚になり、人の話に耳を傾ける

⑥いい時にこそ悪い時の準備をする

また、今まで得た私の経験や体験から、次のことも非常に大切な人生の成功法則であると思う。

・二〇〜三〇代は、仕事に対する目標に向かってどれだけ集中できるか、また、それに近づこうと自分なりの工夫が出来るか、それが四〇〜五〇代での明暗を分ける

・自覚した凡才は、才能のある秀才よりも前向きな生き方が出来る

これらは、すべて私が実際に体験したことだ。

人は、高い目標を掲げて努力すると、おのずと今いる自分の環境が変わっていくはずだ。そして、環境が変わると自分がさらに成長する場が与えられる。その時、次の目標が生まれてくるのではないだろうか。

・目的を持たぬ者は、目的を持った人間に使われる

これも、私の今までの仕事人生の中で何度も目にし、実感したことである。なかなか自分を変えられないという人がいるなら、次のことを試してみてほしい。最初は、ほんのちょっとの小さいことからでかまわない。始めてみることが大切だ。

①時間の使い方と一日の行動を変える
②住む場所を変える
③付き合う人を変える
④生活にメリハリをつける

人は誰でも現状を変えたいと思う時がある。また、変えなければいけないと思う時もあるはずだ。しかし、変えようと決意しても、本当に変えられる人は少ない。具体的な行動に移せるかどうかが、人生で成功するかしないかの分岐点となる。

そして、人生の目標を決めて歩み出したら、次に大切なのは判断と決断だ。この二

つの意味合いを混同してはいけない。

判断は、ある程度計算から導くことが出来る。しかし決断は、頭の中や机上の空論で終わらせることは出来ない。決断した以上は、自分の存在そのものを賭けて、責任を負いながら実行に移していかなければならないのである。

さて、東京に出てきた時に掲げた目標は、自分の会社を持ち、その会社を大きくして東京で一旗揚げて、親孝行するというものだった。

その目標の大部分は達成したと思っている。ただ一つ残念なのは、母に恩返しが出来なかったことだ。しかし、母が私のこれまでの生き様と現在の状況を見たなら、あの世できっと喜んでくれていると思う。それがなによりの母への親孝行だと今は思っている。

実は東京に出てきた時に持っていた目標・夢の他に、会社を始めてからもうひとつ別の夢が出来た。それは、展示会に出ることだ。

展示会に出展したからと言って、直接商売につながることは少ない。

しかし、自分の会社が展示会に出られる、出ても恥ずかしくない会社になったとい

平成18年、産業フェアに出展する（東京ビッグサイトにて）

う気持ちと、多くの人に会社を知ってもらいたいという希望もあり、展示会に出展することを新しい夢としたのだ。

創業して三〇年ほど経った頃、さいたまスーパーアリーナでの埼玉ビジネス交流会に初めて出展した。

その後、東京ビッグサイトで行われた平成一八年の産業フェアに出展し、ブース内に金型や完成品のサンプル、工場の写真や使用しているNC工作機械の写真などを置いて、大々的に会社のアピールをした。

ブースには、大勢の来場者があり、商談をしたり、様々な方と情報交換をしたりと、我が社の技術力を知ってもらうためのいい機会になった。後日、仕事につながったものも少なからずあった。

この展示会は、業界でも大きな展示会として名が知られている。このような展示会に出展することが出来たことは、会社にとっても社員にとってもとても意義のあるものだったと思っている。

最近でも、小さなビジネス交流会には度々出展し、多くの方に我が社と我が社の技術について知ってもらう機会を作っている。

なにごとにおいても、黙っていては周りは理解してくれない。自分たちがやっている仕事について、なにもしなくても分かってもらえるというのは甘い考えだ。他人は、自分が思っている以上に他人には無関心だ。

だから、自ら機会を創り、自分たちのやっていることをアピールしなければ、次のなにかは起こらない。待っていても幸運は向こうからはやって来ないのだ。

創業してから四〇年以上の年月が経過した。まさに「光陰矢のごとし」。長いようで短い、上京してからの月日だったと、今にしてみれば思える。

苦あれば楽あり、これを信条に生きてきた。自分が苦しく、人が楽しんでいる時は、今頑張っていれば必ず自分にもそういう楽しい時が来ると、自身に言い聞かせてやってきた。それもこれも、私には夢に描いた人生設計があったからだ。

私は決して難しいことはしていない。ただ純粋に、愚直に、金型職人として自分の心術に従って歩んできたつもりである。


そんな私が、平成二二年の春、日本経済と会社の行く末に不安を抱いて、誰にも相談せずに会社を清算すると宣言した。その後、会社の後継者となった息子や従業員たちの熱い思いもあり、私がつくった染谷精機株式会社は、今度は息子や従業員たちの夢とともに歩み出した。新しい経営者のもと、時代のニーズに合った変革を行い、私が社長だった時代とはひと味もふた味も違う経営をしていってくれると思っている。

私は引退を機に、これまでの経験や蓄積してきた知識を多くの人に伝えたいと思い、学校、企業、異業種交流会などで話をしたり、地域社会の活動にも参加するなど、忙しい日々を送っている。もちろん、引退したとはいえ、染谷精機のこれからに役立つように、様々な展示会や研究会に参加することによって得た情報を伝え、時代の要求に応えられるような製品を生み出せるよう、アドバイスしている。

これからますます、業界を取り巻く環境は厳しくなっていくだろう。金型専業の会社が、何社生き残って日本で仕事を続けていけるのか分からない。

しかし、もともと仕事において、これが正しいという正解はひとつだけではない。時代と環境に応じて変化する答えを求めて、自らの力で自分の生きる道を切り開いていくことが大切だ。

他人の成功を羨んで真似てみても、大抵失敗に終わるということも心得ておいてほしい。素敵な身なりの人を見て、自分もそんなふうに着飾れば恰好よくなれるかというと、決してそうではない。仕事や人生も同じだ。人それぞれ、与えられた役割と使命が違う。自分の持っているものをすべて出し切って、自分らしい生き方をしていくことが成功への近道なのだ。

迷ったら自分はどう生きたいのか、自分自身に問いかけてみることが必要だ。持って生まれた能力に大差などない。人生における結果の違いは、自分がどのくらい努力したか、挑戦したか、決断したかによる。

大きな夢を持ち、実現させる日付を決めよう。そして実行あるのみだ。夢を実現するまで、決してあきらめないことが大切だ。

第Ⅱ部

変化の時代へのメッセージ

第1章　今の企業に必要なこと

社会人になり独立して創業した高度成長期から、オイルショック、円高不況、バブル経済とその崩壊、ＩＴバブル、デフレ不況と四〇数年の間に経済環境は様々に変化した。

経済環境の変化に飲まれて消えていった企業、新しい時代の経済成長の波に乗って生まれた新興企業など、様々な企業が生まれては消えていった。

幸運にも我が社は、この経済の荒波をかいくぐり、元気に生きている。しかし、これまで歩んできた道は、決して平坦ではなかった。

日本経済は低成長時代が続き、これからの日本を担う若者の多くが、将来に対して絶望感にも似た感情を抱いている。大学を卒業したけれど職がなく、定職に就かない

異業種交流会で講演する著者（都内のホテルにて）

若者も多い。

しかし、本当に日本の将来は暗いのだろうか？　本当に今の日本には職がないのだろうか？

自分の夢は自分でつくるしかない。仕事がしたければ、やれる仕事は日本中どこにでも転がっている。他人がすべてをお膳立てしてはくれない。自分で行動しなければ、誰も応援はしてくれないのだ。

ここからは、四〇数年間、会社経営者として感じたことや考えたことを述べていきたいと思う。

現代社会はグローバル化が進み、変化する環境にどのように適応していくかが、国や企業の将来を決定づけるようになってきた。だからこそ私は、今の日本は、企業も政府も、その機能あるいは戦略を大きく転換しなければならない時であると感じる。戦略を転換する時には、それまでの仕事の基本と原則を確認し、それをベースに改革改良を行うことが肝要だ。

ここで私が言う基本と原則とは、次のような意味のことだ。

基本とは、昔から言われていること、偉人たちの教え、経験者の教えなどをきちんと理解し身につけたうえで、今の時代にうまく対応すること、仕事に肉付けすることである。

原則とは、例えば生産手段で見ると、規模の経済、生産の高度化がますます進展しているなかで、小さな企業であっても、素晴らしい仕事をすればおのずと仕事は増えていき、それは利益につながり、社会を豊かにし、やがてその豊かさが新たな財を生み出していくことである。

これまで積み上げてきた仕事の基本と原則を時代に応じて適用させることが、今後はより一層必要となる。過去の遺産は、古臭いものだからすべて捨てて、新しい考えをもとに戦略を構築しようとしても、うまくはいかない。

欧米の先進的な企業を見ても、過去の成功した事例や失敗した事例を徹底的に分析研究し、それをベースに次の一手を考え、戦略を進化させている。決して、状況判断だけで行きあたりばったりの戦略はとらない。

また、企業にとって一番重要な財産は、働く人たち、いわゆる「人材」だ。

私は、組織で働く人について、成果を上げられる人とそうでない人の差は、才能ではなく、育ってきた環境と習慣であるような気がしている。そして、基本的なこと（当たり前のことや決められたこと）を守りながら前へ進んでいけるかどうかである。

長年にわたって会社や地域で若者と触れ合ってきたなかで、徐々にではあるが、仕事に対する心構えの基本が出来る人が少なくなってきていると感じるようになった。

私は経営者であるため、人材をいかに成果が上げられる「人財」に育てていくかが常に重要な経営課題だと考えていた。

能力がありながら仕事の基本が出来ていない人に対しては、いつもどうしたらその人が持っている才能を伸ばせるかを考えてきた。

能力開発のやり方としては、組織の中に馴染ませ、ライバルを持たせ、意識改革を少しずつ進めていく。また、自己実現を目指すように目標の設定を促すとともに、社会における自分と仕事の位置づけと役割を認識させてきたのである。

さらに、私が人を有能かどうか見定めるときに意識していることがある。それは、恥をかくことを恐れるかどうか、また、恥をかいた後の行動・態度についてである。

恥をかくことを恐れる人には、期待はできない。また、恥をかいた後に、そのせいでやる気を失う人にも期待は持てない。恥をかくことを恐れず進み、失敗して笑われようがくじけず、自分の考えや思いを実現していくことに努力する人こそ有能で、自らの成果を得られる人だと思っている。

働く人の成果は、すなわち組織にとっての成果であり、組織発展の原動力でもある。なにごとも恐れない気持ちを持って仕事に邁進出来るかどうかが肝心なのだ。

企業経営をするなかで人材の次に重要と思えることとは、「コミュニケーション」だ。

企業におけるコミュニケーションには、社内のものと社外のものと二種類のコミュニケーションがあるが、ここでは社外とのコミュニケーションを取り上げよう。

社外のコミュニケーションのうち、取引先とのコミュニケーションは、企業活動の盛衰の鍵を握っていると言っても過言ではない。

取引先を満足させ継続的に仕事をもらい、評価や信頼を得る。積み上げられた顧客との信頼関係が、新たな仕事を生む。そして、その信頼関係を生むうえで重要な要素が、取引先とのコミュニケーションをいかに円滑に行っていくかである。

中小企業は、会社の経営理念や行動規範といったものを持っていないところが多い。それでは、取引先との円滑なコミュニケーションを実現しようにもできない。経営理念は会社の憲法であり、社員一人ひとりが守らなければいけない会社との約束事だからだ。

会社の経営理念を社員一人ひとりに徹底的に浸透し、取引先が最大限の利益を受けるように会社全体で努力をすることが、会社が繁栄していくためには必要だ。

自分たちだけで利益を独占したり、利益を出すことだけを第一義として、顧客に対して情報を隠蔽したり、ごまかしたりすることなどもってのほかである。

会社の一番の目的は、会社の存続である。しかし、それは自分たちだけで達成できるものではなく、取引先とその先の消費者があってのことであることを、十分に肝に銘じておかなければならない。

大企業ではないから、中小企業だから必要ないではなく、時代に即した柔軟な経営と人材開発、経営理念の制定、社外とのコミュニケーション力の強化は、会社経営にとってどれも不可欠なものなのである。

第2章　企業がなすべきこと

会社は、自己の組織を使って、経営理念や経営方針に基づき仕事を通じてその使命を果たさねばならない。それに加えて、仕事を通じて従業員一人ひとりの能力を活かしモチベーションを高め、組織に貢献しようという気にさせることが必要である。これらを通じて、会社の社会における真の存在意義が見出される。

一昔前、「企業の目的は利益である」という考え方が産業界を席巻したことがある。最近ではそれを鵜呑みにする人は少なくなっているが、私も、利益第一主義には真っ向から異論を唱えたい。

利益は、企業や組織の目的ではなく、目的達成のための必要な「手段」であり、または「条件」である。

経営者なら、たとえ興味がなくとも、利益に対しては重大な関心を持つことが必要だ。利益がなければ会社はつぶれる。利益を生み出せる会社であれば、会社運営や従業員の生活も安定していく。さらに言えば、利益を生めばその一部は税金として社会に還元されることから、その会社は社会に貢献している会社ということにもなる。ただし、だからと言って利益だけを追求することは会社の最重要目的とはならない。

企業が「追求する」という意味での利益は、流行りのファッションを追いかけている人に似ている。真っ先に飛びつき、その時は注目を浴びるが、流行が過ぎると飽きられて、記憶として残ることはない。そんな人は、周りに踊らされ、恰好だけを追い求める、中身は空っぽの見栄っ張りな人だと思うのだが言い過ぎだろうか。

会社も同じで、利益だけ上げようとして、必要な投資をしない、安易に研究開発費、人件費などのコストカットに走る、生産拠点を低賃金の外国に移転する、といったことが日常的に行われている。これらは、ファッションで外見だけ飾ろうとする行為とそう変わるものではない。

私が思う会社のもっとも重要な目的は、「コミュニケーションの実現」である。

前にも述べたが、社内外のコミュニケーションは、会社の盛衰の鍵を握ることにもなる大切な行為だ。

そして、それを実現させるためには、会社の憲法である経営理念や行動規範が必要であり、それを実現させるための社員の意識統一が必要である。

会社に属する全員の意識、考え方、感じ方、会社のあるべき姿などの共通認識を統一し、集団として強い力を発揮できる体制を作ることが大切だ。

そして、会社は、「存在するため」に、つまりは「存在することを目的として」、このコミュニケーションを実現させる必要がある。コミュニケーションを実現出来ない会社は、存在しこそすれ、その社会的価値は極めて小さいと考える。

また、仕事はロマンであり、喜びであり、夢でもある。

社員一人ひとりが、会社というステージに立って自己実現をしてもらえれば、経営者としてこれほど嬉しいことはない。そして、自己実現は、会社組織を活性化し、会社に利益を呼び込むことで、知らず知らずのうちに社会貢献につながっていく。

利益も大切だが、一人ひとりの夢が叶い、一人ひとりが社会に対してなんらかの貢献をしていけるような会社が、今の時代には一番必要なのだ。

第3章　仕事の心構え

欧米企業では、自己の成長のためには「ロールモデル」が必要だという考え方がある。

例えば、もし自分が組織の長になった場合、一からその役割を学ぶのではなく、お手本となるような上司を見つけて、その言動・振る舞いを「真似」るほうが効率的に早くその役割を覚えられるといった具合だ。

ある程度真似ることが出来、立場や状況が変化したら、また次のロールモデルを探して真似る。この繰り返しによって、お手本とした人物に追い付き、そして追い越すということである。

一九八〇年代の半ば以降、ＭＢＡ（経営学修士）を取得した人たちにより、こういった欧米の会社で行われている経営手法が導入されてきた。ロールモデル自体の考え方は優れたものであるが、ここで多くの人が勘違いしやすい点が二点ある。

ひとつは、「真似ていることが周りの人にばれるのではないか」と考えることである。これは杞憂である。必死で真似ても、本人の癖や特徴を消すわけではないので、周りの人は簡単には気づかない。

もうひとつは、「モノマネよりも自分のオリジナリティが大事なのではないか」と考えることである。これはある意味で愚かな判断である。いくら真似ても、今まで自分を形づくってきた考え方や価値観は、そう簡単には変わらない。真似ることによって、自分に合った部分だけが残っていく。つまり、残った部分こそ、自分のオリジナリティを補強するものになるのだ。

そして、もっとも注意しなくてはいけないことは、真似ることによって仕事の仕方はなんとなく格好がつくかもしれないが、それは表面上のことだけであり、本当の意味での仕事の仕方は身についていないということである。

どんな会社にも、会社それぞれの仕事のルールやり方がある。新入社員なら、会社に入ったら、まずその会社自体とやっている仕事に慣れることが重要だ。転職者なら、まずはいったん、新しい会社のすべてを受け入れて、順応していくように努力していくことが大切である。

新入社員、転職者のいずれであれ、やがて、会社と自分との相性が見えてくる。会社と自分との相性が見えてきたら、次の段階に進む。周りとのコミュニケーションをとる作業に入るのだ。そして、周りと自分との関係がどんな関係なのか、どうしたらうまく仕事が運ぶかなどを認識出来るようになれば、すでに仕事人としての一定の幅と力量を習得出来ていると考えていい。

ここまできたら、ひとつの区切りの時期が来る。会社や社員同士、取引先との関係が良好で会社の仕事が楽しく、会社で自分の能力を発揮出来るのなら、会社を発展させる重要な人材として評価される可能性がある。しかし、会社や社員同士、もしくは取引先との相性が良くなく、仕事も楽しくないとなれば、場合によっては会社を変わる判断をしなくてはならないことになる。

仕事は、人生の一番いい時期の大半を占める大変重要な人生の構成要素だ。だから、仕事に恵まれない人生は、ある意味苦痛に満ちた人生と言ってもいい。

自分に合った仕事に出合うことはなかなか難しいが、その会社を選び、仕事を続けるかどうかの判断基準として、会社や周りとのコミュニケーションが良好であるかないかは、給料の高低や待遇よりも優先して考えるべき事項だと思う。

そして、この判断はある程度若いうちにしたほうがいい。出来れば二〇代終盤までが望ましい。遅くても三〇代であろう。四〇代になって迷っている人がいたら、それは本人に問題があると思う。そんな人は、会社としては一日も早く出ていってほしいというのが本音である。

また、仕事をするうえで、人間性を高めるということを心がけることも大事である。仕事をしていけば、技術やスキルはやがて身につくし、身について当然だ。

しかし、人間性はそうはいかない。黙っていても人間性が向上してくれるというものではなく、人から教えられたから、人を真似したからといって身につくものでもない。だから、古典を読んだり、年長者の教えを聞いたり、教養を高めたりして自ら人間性を高める努力をしなければならない。

なぜなら、人間性の高い人はそれだけで得をすると考えられるからだ。他人からの信頼を得やすく、人に好かれ、そして他人を助けることもできる。

手にした技術も大切だが、人間性という見えない技術も、その人を一生助けてくれる。

また、人間性が高い人は、人間関係の構築が上手な人で、ひいては状況判断に優れた人ということもできるだろう。

ここで、対人面での状況判断を適切に行うためのポイントを列挙しておこう。

- 相手の話に耳を傾けること
- 相手を褒めること
- 相手の話を遮らないこと
- 相手に見返りを求めないこと
- 感謝の気持ちを忘れないこと
- できる限り笑顔で話すこと
- 理屈よりも気持ちで接すること

これらのことを心がけて他人に接するようにすれば、必ずや人間性や状況判断能力は、高まっていくはずである。

最後に、仕事における「勝負どころ」の心がけについて話しておきたいと思う。人は基本的に弱い存在だ。他人が助けてくれると言えば、喜んでその申し出を受けてしまう。しかし、他人の言うことを真に受けて、もし失敗したら、自分のことはさておき他人のせいにすることが多い。仮にうまくいったとしても、次になにかするときも他人に頼りがちになる。

自分を信じて人生を歩むことが肝心だ。自分と関わりのない人の言うことに耳を傾けてはいけない。どんなにその人が耳に心地よいことを言っていても、あなたの人生に関わることはない。

なぜなら、彼らはあなたの人生のリスクをシェアしてはくれないから。

自分の人生は、自分がつくるものだ。夢を叶えようとする強い信念は、時として不安定な精神を生み、心地よい言葉に流されやすい。しかし、そんなことでは、一生自分のやりたいことは出来ないと、肝に銘じてほしい。雑音はシャットアウトすべきだ。

高い理想を持ち続け、決して自己満足してはいけない。人生を生き抜いて成功するためには、自分だけが頼りである。自分の思いに正直になり、まっすぐ目標に向かって進んでいけば、うまくいかなかったとしても自分の人生に納得することができる。

仕事における「勝負どころ」とは、「決断をする」ということだ。

自分を信じられない者、自分の考えを持たぬ者、自分で行動出来ない者が勝者になることはまずない。

自分で決断出来るだけの情報と心の強さを持つようにしよう。他人の意見は、意見として判断材料のひとつとしよう。いつまでも他人に頼っていては、自分の夢を叶えることはもとより、周りから認められる人物にもなれない。

自分の考える道を進んでそれで失敗した場合、すべての経験がこれからの自分の肥やしになる。失敗したほうが、実は人間として強くなれる。この強さこそが成功するためには必要なことなのだ。そして、失敗することは、自分を成長させてくれる一番の薬だ。

会社勤めも同じである。他人以上に強気な気持ち、そして競争していく力を持っているかどうかが会社社会で生きるためには重要だ。

会社で叱られた、ストレスがたまった、じゃあ今晩は飲みに行こう、こんなことばかりしていては、人間としての成長もなければ自分の夢を叶えることも出来ない。

人間、よほどしっかりと自分というものを持っていなければ楽な方向に進んでいく。楽な方向とは、間違いなく敗者へと向かう道だ。

仕事をすることは、四六時中自分との闘いであり、その闘いに勝たねば、明るい未来は拓けない。

第4章　夢を持ち、挑戦し、感謝すること

誰もが後悔しない人生を送りたいと思っている。そのためには挑戦が必要だ。そして、大いなる夢を持ち、その実現に向かって進むべきである。その夢が、現実の行動力を強化する。

夢を失えば気力を失い、希望を失えば簡単に時代や他人に流される。時代や他人に流されれば勇気を失う。勇気を失えば人生を失う。

「今のままでいいじゃないか」「お金がないからやめておこう」では、成長は止まってしまう。もし、あなたがそんな感情を抱いているなら、今からでも遅くはない、自分を信じて、前に進んでいってほしい。

人生には至るところにチャンスがある。チャンスをものにするかしないかは、あな

たの心構えと行動にかかっている。悲観的になる理由など、人生にはないのだ。好奇心を持ち、「なぜ？」を探求し、挑戦し、失敗し、経験を積むような人が、成功しないはずがない。

そして、好奇心や向上心は人間が持つ自然な欲求なのだ。

現状に満足しているという人は成長しないし、また信用もできない。常に次の状況、新たな環境を求めるのが自然であり、そういう意味では人生の目標に終着駅はないのだ。

しかし会社の場合は、少し違う。会社の場合は、社員全員で共有できる目標が必要であり、その目標を達成するためのスケジュールが決められなければならない。それは、会社は法的に年次ごとの決算を行うことが定められているからだ。会社の目標には、明確なる終着駅がある。

会社の目標とは、いわゆる年次計画とか中長期経営計画といったものだ。会社としてこの一年間どういうことをしていくのか、利益目標はどのくらいか、また、長期的な会社の姿をどうするか、三年後、五年後の会社はどうなっていてどのくらいの利益を出すのかなどを決めることである。

全社の目標がなければ社員がバラバラに動いてしまい、企業経営にも影響を与える。だから、このような目標を設定し、それに向かって全員が邁進する。最終的には、決められた目標をクリアすればゴールとなる。

しかし、目標が達成されたらそれで終わりではない。翌年になればさらに高い目標が設定され、それが新たなゴールとなる。この繰り返しは決して楽ではないが、会社は存在し続けてこそ意味がある。会社が時代を超えて生き残るために、経営者も社員も力を合わせていかなければならない。

一方、人生にはゴールがない。一生走り続けるのだ。だから面白い。

今の日本では、いわゆるサラリーマンが全労働人口の七割近くを占めている。それらのサラリーマンは、「寄らば大樹」的な考えをする人が大半で、会社内でリスクの少ない挑戦を繰り返し、あたりさわりのない仕事人生を送って定年を迎える。この人生を否定はしない。その人が選んだ人生なのだから。

しかし、せっかくこの世に生をうけて一回しかない人生なのだから、起承転結、メリハリをつけた人生に挑戦してもらいたいものである。

若い人たちもそうだが、これから人生の旬を迎える人たちには、ぜひ、自分の人生は自分が責任を持つ生き方をしていってほしい。

そして、自分の夢や目標を決めて、それを自分の力で叶えていこうというチャレンジ精神と勇気を持って人生を歩んでほしい。

そして、仕事について言えば、与えられた仕事をただこなすのではなく、もう少し考えながら、信念を強く持って仕事にあたってもらいたい。

起業したい、独立したい人は、思いつきでやるのではなく、そのやりたい仕事について真剣に考え、明確な目標を持って、事前準備をきちんとしたうえで起業したり、独立したりしてほしい。

会社を創立するというのは、思っている以上に簡単な話ではなく、必ず苦労するし、会社経営が安定するには数年はかかる。少しでも創業初期の困難を減らすには、事前の準備が必要なのだ。

そして、一度独立することを決めたら、考えをコロコロ変えず、人に惑わされず、信念を持ちながら生きる。楽な道を選んだり、他人に流されてしまったら夢は叶わない。

最後になるが、周りの人や環境すべてに対して、感謝の気持ちを持ってほしい。すべては、周りによって活かされているのだから。

おわりに

今の自分に点数をつけると九五点、金型職人としても九〇点以上だと思う。

ここまで来られた最大の理由は、人に惑わされず、自分の信念を貫き通したことだと思う。目標に向かってきちんと進んできた。売り上げが多くても、それはたまたまで、いい時の後には悪い時が来ることを絶えず思っていた。

平成二二年四月に会社を清算しようとした時も、いい加減な気持ちで決めたのではなかった。技術的には負けない自負があっても、仕事自体が海外の人件費の安い国へと移ってしまうのなら、今までの自分の常識からは測り知れない状況になってきているのではないかと思うようになった。

リストラして、コストカットまでして会社を続けたくはなかった。これからはどんどん仕事は減っていく、値段も下がっていく、そのような状況が目に見えているのに、どうして続けなくてはならないのか、そういう思いが強かった。

これからの若い人たちが、このような金型製作の仕事に携わることは無理であろう。

一人前の技術者になるためには辛い修業と忍耐強さを必要とするし、ましてやビジネスマンや公務員に比べれば昼も夜も休みもないような環境に身を置くことは、今の若い世代には難しい話である。私が生きてきた時代とは、考え方、育ち方、社会環境があまりにも違いすぎる。

そう考えて、会社を清算する決断をしたのである。

しかし、大学を中退してまで父親の後を継ごうとした息子や従業員たちの熱い思いにより、会社は継続していくこととなった。

中小企業のオーナーにとって、事業承継ほど頭の痛い問題はない。

普通なら、子どもがいればその子どもを後継者として会社を継がせるのが、オーナー自身も周囲も暗黙の了解になっている場合が多い。

しかし、本当にそれでいいのだろうか。いくら家業とはいえ、子どもイコール次期社長とは、いささか安直な発想ではないか。株式会社という法人の会社組織なら、資本家と経営者の役割は分けるべきであり、子どもが経営者の器でなければ潔く経営が出来る他人に経営を任せるのが経営者としての本筋ではないだろうかと常日頃考えていた。

我が社も、会社の後継者は息子でなくてもいい、誰か実力があり、それ相応の人間であればいいと思っていた。

しかし、会社の中を見ても適任者は見当たらない。長年一緒に仕事をしていれば、従業員たちの力量ぐらいは分かって当然だ。

海外に仕事がどんどん流出していくこんな時代、会社を生き残らせるためならM&Aをしてもらってもいいと思っていた。息子に継がせてもどうせ潰すだろう、それならどこか他の会社が買ってくれるなら売ろうとも考えていた。

会社を清算すると社員の前で宣言した日から数日して、息子が社長室にやって来た。「会社をやらせてください」と言いに来たのだ。「お前じゃ無理だ。潰す」「でも、やらせてください。やってみせます」。こんな押し問答が一週間ほど続いたが、結局は息子の熱意と覚悟を認め、任せることにした。

息子には、経営者としての知識は教えてこなかったが、大学を中退して我が社に入社して以来、会社では親子関係は一切関係なし、一人の従業員として厳しく技術を仕込んできた。子どもを社長の息子として甘やかしたことは一度もなく、金型職人としてどこへ出しても恥ずかしくないような人間にすることだけに全力を尽くした。

そんな息子が、経営者としてこれからは会社の舵取りをしていくことになった。

中途半端な形での禅譲はうまくいかない。

先代社長が会社に残ったままで、代表権を息子に渡しても、どうしても父親の影が残ったままで、息子は一人前の社長にはなれず、いつまでも父親に頼る。

だから、私はこれを機会に引退することにした。

潔く先代が会社から身を引けば、息子は自分でやるしかない。自分で判断するしかないから、成長する。出来ないなら出来ないなりに努力をする。一人でなんでもしなくてはいけないような立場になって初めて、社長として成長する。

トップによって、会社は変化する。創業者は創業者としての時代を生きてきた。後を譲ったら、そこからはまた新たな時代がつくられる。

時代はいつも同じではないのだから、次の時代は次の人間たちに任せる。それが成功する道。いつまでも過去の人間がしゃしゃり出るのはよくない。

今後、会社がどんな道を歩むかは、次の社長と社員たちの頑張りかた次第だ。あとは残った者たちが頑張って会社をさらに発展させていってほしい。

最後になるが、本書の出版にあたり、ご協力いただいた経営コンサルタントの土居寛二氏に御礼申し上げる。

＊　＊

そして、妻、久枝にはこの場を借りて心から感謝を伝えたい。


結婚して四五年、わがままな私をずっと支え続けてくれて、ありがとう。

独立した時は、本当に苦労したね。

言葉に出来ないような思いや苦しみがたくさんあったけれど、会社ではいつも協力してくれ、そして、私のことを陰で立ててくれたこと、心から感謝しています。

これからはお互い体に気をつけて、残りの人生を楽しく過ごしていくようにしよう。

今思い起こせば、苦しみを乗り越えてこそ、真の喜びが得られると感じています。


本当にありがとう。

著者紹介

染谷正光（そめや　まさみつ）

昭和二〇年一月五日、茨城県生まれ。

染谷精機株式会社会長。

昭和三五年三月、中学を卒業して上京。金属製品のプレス金型製造の会社数社で金型職人としての技術を習得し、昭和四五年七月、東京都足立区にて独立創業。昭和五七年四月一日に法人化。

家内制手工業的要素が強い金型業界において、金型製造にいち早くＮＣ工作機械を導入し工場の近代化を促進すると同時に、管理・設計部門にもＣＡＤやＯＡを導入し、高品質・高付加価値の金型を日本国内で製造する環境を整えた。

これらの施策により、安い海外製金型にも対抗できる体制を構築し、絶大なる信頼性を誇る日本製製品を製造できる会社として、各方面からの信頼が厚い。

平成二二年秋、染谷勝利の社長就任を機に経営の第一線から引退。

趣味は、社交ダンス、ゴルフ、旅行、ドライブ、風景写真の撮影。

私の事業家人生
——夢に向かって独立し、走り続けた半世紀

2012年10月29日　第1刷発行

著　者／染谷正光
発行者／伊藤泰士
発行所／株式会社創樹社美術出版
〒113-0034
東京都文京区湯島2丁目5番6号
電話03-3816-3331
http://www.soujusha.co.jp
印刷所／株式会社ティーケー出版印刷

ISBN978-4-7876-0078-3　C0034　Printed in Japan